大兴武术

侯川 编著

北京工艺美术出版社

图书在版编目（CIP）数据

大兴武术 / 侯川编著. -- 北京 ：北京工艺美术出
版社，2023.6
　　ISBN 978-7-5140-2654-2

　　Ⅰ．①大… Ⅱ．①侯… Ⅲ．①武术－体育运动史－大
兴区 Ⅳ．①G852.09

中国国家版本馆CIP数据核字(2023)第088162号

《大兴武术》编委会

顾　问　卫东海　孙安民　张耀庭　张国柱　吴　彬　杜德平　陈　虹　陈高潮
　　　　陈小旺　陈北文　周之华　尚建刚　胡振民　夏　潮　郭少英
主　编　侯　川
副主编　尹清河　李雨洁　张玉国　张志刚　赵光发
编　委　王同庆　祁　暄　张卫公　张瑞田　陈福滨　陈　道　常静平　靳　颖

出 版 人：陈高潮　责任编辑：赵　微
装帧设计：史霄宇　责任印制：王　卓

法律顾问：北京恒理律师事务所　丁　玲　张馨瑜

大兴武术

DAXING WUSHU

侯川　编著

────────────────────────────

出　　版　北京工艺美术出版社
发　　行　北京美联京工图书有限公司
地　　址　北京市西城区北三环中路6号　京版大厦B座702室
邮　　编　100120
电　　话　(010) 58572763（总编室）
　　　　　(010) 58572878（编辑室）
　　　　　(010) 64280045（发　行）
传　　真　(010) 64280045/58572763
网　　址　www.gmcbs.cn
经　　销　全国新华书店
印　　刷　天津鑫旭阳印刷有限公司
开　　本　889 毫米×1194毫米　1/32
印　　张　7
字　　数　132千字
版　　次　2023年6月第1版
印　　次　2023年6月第1次印刷
印　　数　1～1000
定　　价　268.00元

侯川　1978年8月出生，北京大兴人，中国武术六段。2006年获得美国加州伯克莱大学MBA硕士学位，北京市青年联合会第九、十、十一届委员，第十二届常委。

北京市大兴区政协第四、五届委员；第六届大兴区人大代表；大兴区青年联合会第一届委员，第二、三、四届常委；大兴区第一届监察委员会特约监察员。

2014年10月，任北京市大兴区武术协会主席。2015年1月，获得一级社会体育指导员证书；6月，取得中国武术段位制考评员资格和中国武术段位制指导员资格。2019年，当选北京市武术运动协会副主席，同年任北京市武术运动协会产业开发委员会主任。

序

文化兴国运兴，文化强民族强。文化是一个地区软实力的主要内容，也是一个城市、一个村镇展示形象的重要标志。

一个民族的复兴，总是以文化的兴盛为强大支撑；一个时代的进步，总是以文化的繁荣为鲜明标志。武术作为与中华民族沧桑沉浮共生发展的文化载体，成为中华文明的生命基因。武术编含着中国古典哲学、伦理学、美学、兵学等深刻的东方文化思想，体现着中华民族在生产实践和社会生活中的世界观、人生观、价值观、审美观，是中华民族在修齐治平中逐渐形成的、有别于世界其他民族的独特文化符号。

党的二十大报告指出，全面建设社会主义现代化国家，必须增强文化自信。党的二十大报告中提出的"推进文化自信自强，铸就社会主义文化新辉煌"，在新的历史方位上为文化强国建设指明前进方向。

大兴区是一个神奇美丽、富有哲思武德的京畿福地，处于永定河怀抱的东岸，京师孔道的南部，是首都北京的南大门。大兴前身为古蓟县，自秦置县，金贞元二年（1154年）定名大兴，史称"天下首邑"。大兴尚武精神的历史延续是恒定的，武术文化资源极为厚重。辽金春水秋山、冬夏捺钵，塑造了大兴的尚武风格；元代铁马冰河，晾鹰台演武检阅，拓展了草原文化与农耕文明的交融；明清上林苑经筵习勤、南囿秋风，通惠武德……大兴区域中部的南海子自辽太宗会同元年（938年）被辟为"春捺钵"后，经辽、金、元、明、清各朝，均是帝王行围狩猎之所，也是演武阅兵的重要场所，尤其是在清代的顺治、康熙、雍正、乾隆年间。

大兴地处通衢要冲，民间历来就有尚武传统，武术会派别种类如林，活跃于京城的高手如云。明清之际，沁水营"叉子会"，太子务村的少林会……到了清代中晚期，青云店镇、北顿垡村、西红门镇等地的少林会社更加活跃。民国初年，伙达营村、西黄垡村、海子角村、西芦垡村、东辛屯村、佟家务村、大黑垡村等多村建有武术会社。1937年北平城里有20家武术社团，大兴人开办并任社长的就有8处。大兴武术名家更是饮誉京师、驰名朝野。清代魏庄村张姓武举人被奉为上林苑"武师"，龙头村、石柱子村、潘家马坊、庞各庄、太子务村、北化各庄、西宋各庄、履磕村、邓家屯村、景家场村、南黑垡村等许多村镇在明清时期出现的武举人、武秀才不胜枚举。

如今的大兴更是"借势而动、顺势而为、应势而发"，全民健身计划和纲要实施如火如荼，赓续传统，打造品牌，拓展影响，培育文明，勃发生机，特色可圈可点，成绩斐然，大兴武术俨然成为首都文化、京师京味文化的有机部分。大兴武术协会主席侯川同志带领武协团队，开拓进取，精进无私，为推动大兴武术事业蓬勃发展做出了重大贡献。

文化是一个地区经济社会发展的软实力之基。大兴通过文化创新引领，打造地域文化名片，塑造了"风生水起在大兴"的整体文化形象、主体文化形象、特色文化形象和标志文化形象。大兴，以其襟纳四海的气度、后发优势的潜质，亮出新国门的武动之美、气质风采，诠释了京津冀协同发展中部核心区的应有担当。

党的二十大胜利闭幕，"十四五"蓝图也在庄重拉开，武术事业、武术产业、武术文化发展任重道远。大兴武术协会将牢记习近平总书记"要把大兴建设好"的嘱托，通过整合历史文化资源、构建新时代武术文化格局，不断提升文化服务新模式，以宜居宜业新大兴、繁荣开放新国门为导向，增强和彰显"新大兴·新国门"的文化内聚力、吸附力和影响力。

"求木之长者，必固其根本；欲流之远者，必浚其泉源。"细致整理大兴的武术文化资源，总结归纳其文化特质，是摆在大兴武术工作者面前的一项重要任务。大兴武术协会踔厉风发、笃行不怠，钩沉史料、访谈调研，在掌握大量史料、资料的基础上，精心编写了《大兴武术》一书。该书旨在厘清大兴武术文化发展脉络，挖掘深厚的武术文化底蕴，为大兴全国文化中心建设提供文化力量。该书写作团队聚合了协会内部的专家学者和文化志愿者，历时五年，本着严谨客观的治学态度，做到实事求是，尊重历史，资料准确，以期多视角、全方位展现大兴区武术文化，努力呈现新国门视域下的新大兴，使之形成综合性、历史性、权威性、时代性的文化读物。出版该书是深入研究大兴武术文化历史和现实价值的一项重要举措，对推进大兴的文化大发展、大繁荣必将起到积极的作用。

武术，是在数千年中华文明历史的滋润和培育中发展起来的一种社会文化现象，是经过千锤百炼凝聚而成的独具民族性、文化性、健身性、技击性和观赏性等特点的优秀民族传统体育文化。乘着全国文化创新中心建设的东风，大兴区越来越展现出她那动人妩媚的形象和诱人的魅力。紧抓国家赋予大兴区的重大机遇，聚力首都发展新的增长级、繁荣开放新国门建设，"天下首邑"大兴区守正创新、踔厉风发，大力实施"武术文化＋"战略，文化发展宏伟蓝图正在一步步变为现实。武术大兴，大兴武术。大兴的武术文化正在赋能经济社会发展，高质量的文化供给与人民群众精神文化相契合，为人们提供了更多更好更有时代特色的精神文化服务。

党的二十大报告文化发展的重要战略部署，为大兴武术能尽快地被批准成为"中国武术之乡"与今后的发展指明了方向。愿作为中华优秀传统文化的大兴武术文化精神源流、文化根脉进一步走向世界！愿《大兴武术》带您走进一个充满活力、昂扬激情的新大兴！

武术承载着中华传统文化厚重的精神内涵，折射着民族精神博大精深的熠熠光彩，其丰富的、深厚的内蕴不仅是一种体育运动，更是一种文化形态、一种民族文化的重要载体。随着北京"四个中心"

功能的强化进程，武术的文化属性、体育属性和功能将得到更大的显现空间，在展示新国门气象、彰显新大兴风采中发挥积极作用。愿大兴武协积极激发文化创新创造活力，坚持创造性转化、创新性发展，激发人才创新活力，充分发挥资源利用潜力，努力建设具有中国特色、北京风格、大兴气派的武术文化，成为推进全域文化繁荣、全民精神富有的主阵地，在新征程上展现新风采、新作为。

周之华，中国武术九段。首都体育学院武术与表演学院原院长、教授、博士研究生导师。北京市武术运动协会副主席、中国武术协会理事、"全国武术之乡"专家评审组成员。

大兴武术

张耀庭书

7

张耀庭先生题词

张耀庭，历任奥委会执行委员、中国武术研究院院长、中国武术协会主席、国家体委武术运动管理中心主任、亚洲武术联合会执行委员，兼任中国体育发展战略研究会常委、中国体育科学学会常务理事，并为北京体育大学、上海体育学院、武汉体育学院、成都体育学院等高校客座教授。

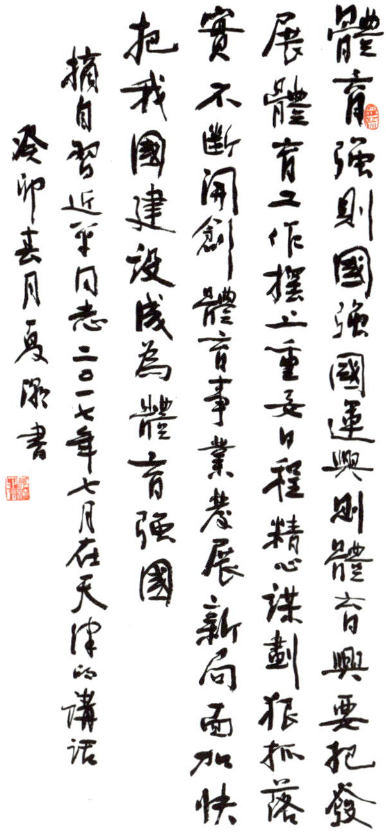

体育强则国强，国运兴则体育兴。要把发展体育工作摆上重要日程，精心谋划，狠抓落实，不断开创体育事业蓬勃发展新局面，加快把我国建设成为体育强国

摘自习近平同志二〇一七年七月在天津的讲话

癸卯孟月夏潮书

夏潮先生题词

夏潮，中国文联原党组成员、副主席、书记处书记，全国政协委员，中国文艺评论家协会主席。

胡振民先生题词

胡振民，中共中央宣传部原副部长，中国文联原党组书记，全国政协常委，中国关心下一代工作委员会常务副主任。

陈小旺先生题词

陈小旺，陈式太极拳嫡宗传人，世界非物质文化遗产项目太极拳传承人，世界陈小旺太极拳总会会长，中国武术九段。第七届全国人大代表，河南省第七届政协委员。

北京大兴武协惠存

篆之武威

甲午篆村王书题

葛英会先生题词

葛英会，北京大学考古文博学院原教授、博士生导师。

目录

第一章　历史上的武术会社

第一节 武术会的派别

大兴民间历来有尚武之风。

沁水营"叉子会"始于明代，清光绪年间曾参加慈禧六十寿辰庆典会演，受赐"龙叉"、会旗，会旗上书"神叉老会"四字。清康熙四十九年（1710 年）榆垡镇太子务村成立少林会，清同治九年（1870 年）窦营村成立少林会，外聘拳师传授少林八极拳、花枪、单刀、双刀、七节鞭、三节棍等，第一代传人为孙广玉。清代中晚期青云店镇、北顿垡村、西红门镇等地均成立了少林会社。其中青云店镇的武术会分为南北两派，南派属三皇门少林派，传人为殷德奎，北派属红门拳少林派，传人为刘庭相。1932 年，南派第二代传人郭广仁赴南京打擂夺得银牌。民国初期，伙达营村、西黄垡村、海子角村、西芦垡村、东辛屯村、佟家务村、大黑垡村等多村建有武术会社。1937 年，北平城里有武术社团 20 家，其中由大兴人开办并任社长的有 8 处，分别称为大兴县第一至第八国术社。

第二节 大兴武举

魏善庄镇：魏庄村清代出过张姓武举人，现有后人。

礼贤镇：张明复的父亲是清代武举人，现家中有两块掷石。

龙头村出过武秀才。

石柱子村清代出过武举人。

安定镇：潘家马坊清代出过武举人。

庞各庄镇：丁村曾出过文、武举人。

亦庄镇：据1997年北京市第三次文物普查资料记载，位于红星区亦庄乡小羊坊的范学亮（48岁）家现存石锁一件（范学亮说有两件，为一对，另一件在别处存放）。石锁为长方形，宽边，一边刻握手，一边阴刻"夺魁"二字。范连芳：康村人（现小羊坊），为甲午科武举人，号范福停。范学亮为第四辈。据范家人介绍，过去家中有一匾额书"甲午科武举第一名范连芳先生"，榆木大漆金字，还有一小匾书"魁"字。

榆垡镇：太子务村崔家清末曾出过武举人，现存一"武魁"匾。

西宋各庄村清代曾出过武举人，李姓。

北化各庄村曾出过武秀才。

履磕村曾有郭姓武举人，有"武魁"匾，大刀重180斤。

邓家屯村清代出过文、武举人，有掷石。

景家场村曾出过武秀才。

南黑垡村曾出过文秀才和武举人，武举人名为金殿荣。

第二章 大兴区本地传统武术传承源流及谱系

第一节 陈式太极拳

一、历史沿革概况

在陈式太极拳的发展中，有四个里程碑。一是陈王廷创立陈式太极拳。明朝的战将陈王廷告老还乡后，总结多年的战场步战经验，结合易理，创立了陈式太极拳。

据记载，陈王廷天赋异禀，昼练武，夜习文，文武双全。年少时为武秀才，曾考乡武举，一马三箭，三马九箭，射了个"凤夺巢"。因生得面庞枣红，高大威猛，蓄有美髯，神态庄重，又喜枣红马，善用春秋大刀，人送绰号"二关公"。

二是第六代传人陈长兴，第一次将陈式太极拳传给外姓人杨露禅。陈长兴功夫深不可测，在千军万马中势不可当，坚如磐石，挨其身者或似水滑过，或被鼓荡之气掀翻，人称"牌位大王"。

三是第九代传人陈发科，第一次公开传授陈式太极拳。1928年到北平教拳，上门比武较技者都是京城武林界的掌门人，皆被陈公武艺、武德折服，其被中国武林赞誉为"太极一人"。

四是陈小旺，第一次将陈式太极拳推向世界各地，传人众多。据统计，他每年几乎绕地球两圈，在世界多国孜孜不倦地传授太极拳，是当之无愧的太极拳传播大使。

二、传承脉络

陈式太极拳传承谱系（大兴地区）如下：

说明：由于陈式太极拳历史悠久，传人已至十数代，实难尽录，此处只简略说明大兴地区的传承谱系，特此说明，并致以歉意。

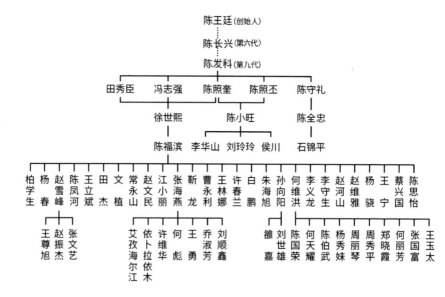

陈小旺

　陈小旺，1946 年生于河南温县陈家沟。他先后随父亲陈照旭、堂伯陈照丕、叔父陈照奎习武，精通陈式太极拳理论、套路、器械、推手、散手。他在承袭世代家传武学的基础上，发展了陈式太极拳，系陈式太极拳嫡宗传人，世界非物质文化遗产项目太极拳传承人，世界陈小旺太极拳总会会长。中国武术九段，第七届全国人大代表，河南省第七届政协委员。2012 年 10 月，做客央视《文明之旅》栏目，并荣获首届"中华之光——传播中华文化年度十大杰出人物"称号。2013 年 3 月，做客央视《华人世界》栏目，并荣获"第二届中华非物质文化遗产传承人薪传奖"。

陈全忠

　　陈全忠，陈家沟陈氏第十九世太极拳传人，太极拳大师，国际太极拳文化传播大使。自幼秉承家传，后拜陈守礼先生为师。60 多年来习拳不辍。现为西安市武术协会委员、西安市陈式太极拳研究会会长、中国温县国际太极拳年会西安市分会会长，并兼任美国 ACT 陈式太极拳协会、广州及邯郸等地太极拳组织的名誉会长、顾问等。他授拳有方，诲人不倦，具有丰富的教学经验。几十年来，他授徒数千，遍及全国各地，其中多人在国际年会及省市大型比赛中获得好名次。特别是 1996、1997 年他曾两度赴美国讲学，引起了美国武术界对太极拳的重新认识，受到较高评价。他多次应邀赴德国传授陈式太极拳，受到欢迎。他编排的陈式太极拳普及架 36 式简单易学，兼备老架特点，受到了广大太极拳爱好者的欢迎，收到了良好的社会效益。

徐世熙

　　徐世熙，1942年10月生于北平，青年时拜尹式八卦第三代传人张庆廉为师。20世纪50年代后期，徐世熙开始习练太极拳，最早练的是杨澄甫的杨式88式。60年代初太极拳名家陈照奎在北京教拳，徐世熙便登门求教。70年代徐世熙投入陈发科的另一位高徒田秀臣门下专门研习陈式太极拳。此后，田老师又把徐世熙推荐给当时的太极名家冯志强，在冯老师那里他又学习了陈式太极拳炮捶以及太极推手等技艺。

　　21世纪，徐世熙与来自美国、英国、德国、荷兰、奥地利、以色列、印度、新加坡、马来西亚、韩国等国的各路好手进行了交流、切磋，也吸引了国内外一些新闻机构竞相报道，这其中有俄罗斯电视台、法国电视台、美国彩虹电视台到中国拍摄武术专题片《寻找卧虎藏龙》。

　　在教学方面徐世熙治学严谨、实事求是、尊重科学，从不故弄玄虚，他编纂的武术教材系统完整、简明易懂。他的口传心授，深入浅出，颇受学生好评。如今徐世熙已桃李满天下，弟子有：邵守俊、宋明远、王志刚、崔瑾、陈福滨、宛伟、白燕、王辉、王闯、郝博文、赵立君、孔庆恩、焦彦龙、李永、陆一雄、汪涛、刘俊良、杨威、马炫、赵晋龙、周循、黄千乂、李美华、Donatello、Lai Josh、马国龙、卫勇、宋朝永、李兴傲、王玉西、黄伟大、贾志义、孙培俊、王英杰、胡增全、王建华、李晓龙、张鹰飞、王曙光等。

石锦平

石锦平，1964年生于河北邯郸峰峰矿区，自幼喜好武术。1987年10月在太极拳学习班，结识了陈式太极拳第十一代传人陈全忠，自此跟随陈全忠学习陈式太极拳。陈全忠家住西安，每年回河南老家陈家沟祭祖探亲时，顺道到峰峰矿区看望自己的弟弟。在这期间石锦平接受陈全忠的言传身教，学习陈式太极拳老架一路、二路及各种器械，一直到2007年。2011年，石锦平在西安正式拜师，成为陈全忠的入室弟子。

陈福滨

陈福滨，中国武术六段，北京市大兴区武术协会副秘书长，北京陈式太极拳研究会副秘书长，北京市大兴区陈式太极拳分会会长，国家社会体育（武术）指导员，国家三级武术裁判员，北京福易堂中医诊所医师，美国心脏协会急救导师。陈福滨自幼习武，出身中医世家，2000年拜徐世熙为师，潜心研究陈式太极拳，致力于太极拳的推广。2016年以来参加过多次国际、国内传统比赛，获得陈式太极拳项目金、银、铜奖数十枚。2018年，他跟随韩建中练习梅花桩拳、气功、擒拿格斗。

李华山，中国武术六段，自幼酷爱中华武术，1980年开始习练陈式太极拳，1990年、1996年拜入陈小旺、陈小星二位老师门下习练传统陈式拳法。曾多次在国际、国内传统武术拳械大赛中获得金、银牌等奖项，并荣获"太极拳名家""陈家沟太极拳（陈式）正宗传人"称号。现任北京陈小星太极拳法研究会会长，北京东方龙珠太极拳文化传播有限公司陈式太极拳主教练。

刘玲玲，中国武术七段，在 2013 年度武术段位制工作中被评为百名优秀考评员，北京东方龙珠太极拳健身中心创始人。

侯川，中国武术六段，北京市武术运动协会副主席，北京市武术运动协会产业开发委员会主任，北京市大兴区武术协会主席，一级社会体育指导员，中国武术段位制考评员、指导员。2013 年拜吴式太极名家张全亮先生为师学习吴式太极拳，2016 年拜入陈小旺老师门下习练传统陈式太极拳。

三、拳法特点

陈式太极拳，自陈王廷创立迄今已 600 多年，历代相传，其间亦有所改进。至陈氏第十四世祖陈长兴时，陈式拳艺已由博而约乃至定型。

陈长兴所传者为老架，有头套十三式及二套炮捶。另第十四世陈有本所传之新架，则是删去头套中之震脚发劲，变化难练之架式而成。第十五世陈清萍所传者为新架之小架，简称小架，又称赵堡架，此套拳路是从新架变化出来，且更为紧凑。

此趟头套十三式之三种架式，拳套着势之结构和运用缠丝劲的法则，完全相同，仅在手法上有所不同。老架着势宽大，有发劲震脚和跳跃等较难之动作；新架略去较难演练之动作，架式则与老架同样宽大；小架架式则较为紧凑，发放抖劲之手法亦较多。

套路介绍

陈氏世代相传之太极拳，原有七套。为长拳一套，十三式头、二、三、四、五套，及炮捶一套，传至陈氏第十四世陈长兴、陈有本时，陈式太极拳，由博而约，专练十三式头套及炮捶一套。因之现今陈氏传授之太极拳仅为两套，一套为十三式老架，另一套为炮捶。

头套老架

陈氏第十五世陈耕耘为了随父走镖谋生，便萌生可练太极之想法。因其父陈长兴终年在外，遂求教于族叔陈有本。为了使陈耕耘早日功夫上身，陈有本除保留头套十三式的精髓外，突出了爆发力，将架型予以放大，亲自辅导陈耕耘苦练一年有余。二人共同商讨、钻研，创编了一种架型，从此为了和头套十三式有所区别，就产生了小、大圈的说法。对于这种架型陈耕耘只在其家族中传授，传到其孙陈发科，1928年陈耕耘被聘到北京授拳，遂将此架型公布于世，后人为加以区别就称此架为"大架"，也称"老架"，将传统练法称为"小架"。

新架

新架属陈长兴传统老架系列，由陈氏十七世祖陈发科所创。其特点是架式宽大，低沉稳重。拳架以"掤捋挤按"四正手的运用为主，以"采挒肘靠"四隅手的运用为辅；以柔化劲为主，发劲为辅，柔中寓刚，力求柔顺。外形以缓柔稳为主，疾刚跳跃为辅。运劲方法要求以身领手，突出螺旋缠丝劲的练习，以腰为轴，旋腕转膀，旋腰转脊，旋踝转膝，胸腰折叠，形成一系列的空间曲线运动。

小架

在陈氏十四世、陈式太极拳第六代陈有本之前，太极拳被传下来的只有一种练法，并无大、小架之分。对大、小架的分化起着划时代作用的关键人物是陈有本。"小架"其实就是传统太极的练法，因为圈形小，所以叫"小架"。

二套炮捶

炮捶是陈氏第十四世陈长兴所流传，为头套十三式之辅，势法重捶，猛如发炮，动作快速，多跳跃发劲，架式开展，气势雄壮。

第二节 杨式太极拳

一、历史沿革概况

太极拳在唐朝时期已有记载，宋、明时期有温州陈州同等传承，明代以后，世传太极拳术乃张三丰所传。

据《明史·方伎传》记载，张三丰名全一，一名君宝，号三丰，辽东懿州人。生于元定宗二年（1247 年），其卒年众说不一。张三丰曾在武当山修炼"内丹功"，并根据老子道家学说及在静坐修炼静功的同时，作为修道的动功创编了静如处子、动如脱兔、柔如灵蛇、刚如猛虎的太极拳术。

梳理太极拳传承脉络，张三丰始创太极拳，由云游道人传王宗岳，王宗岳传蒋发，蒋发传河南温县陈家沟陈长兴，陈长兴传河北广府人杨露禅。

清代武林盛传一段话："杨露禅闯天下，杨班侯打天下，杨健侯养天下，杨澄甫传天下。"杨家历经数代从河北省广平府走出来，将太极拳传进京城。

早年杨澄甫在北平教拳的场所一个是太庙（现天安门东侧的劳动人民文化宫），另一个是中央公园（现天安门西侧的中山公园）里的"行健会"。1928 年杨澄甫率众弟子离京南下，授拳于南京、上海、汉口、杭州、广州等地，将太极拳传播到大江南北，在几代门人弟子的努力下，太极拳带着其特有的风韵，走向全国，传遍世界。

二、传承脉络

杨露禅

杨式太极宗师杨露禅（1799—1872），名福魁，字露禅（禄禅），清朝直隶广平府永年县城内南关（今河北省邯郸永年区）人。杨露禅从小习练外功，精通二郎拳。曾三下陈家沟跟随陈长兴学艺，历经18载。杨露禅从陈家沟学成后带回的拳法、功法就有二三十种，含太极一百单八式长拳谱、五套拳谱、五套捶谱、太极小四套谱、太极散手谱、太极短打谱、太极丹田行工法、太极裆行功法、太极顶劲行功法、太极圆行功法、太极上下行功法、太极进退行功法、太极开合行功法、太极出入行功法、太极领落行功法、太极迎敌行功法、太极缠丝行功法、太极背丝扣行功法、河图洛书合成缠丝劲行功法、太极点穴理、太极点穴法、太极三十六穴、太极十二大穴时辰点穴秘诀叫门法、太极十二中穴点穴法、太极十二小穴点打拿法、太极十六挫骨法、太极二十四筋脉拿法等，还有刀枪器械，内功外功、暗器，这些拳法、功法也是杨露禅终身习练的内容。之后他到北京传拳，名满天下，号称杨无敌。杨露禅首创杨式太极拳。他跟儿子班侯、健侯，常驻京城端王府教太极拳。

杨班侯（1837—1892），杨式太极拳第二代重要传人之一、杨露禅次子，名钰，字班侯，有一子杨兆鹏。杨班侯自幼随父学太极拳，还跟随武禹襄学艺，又得到王宗岳《太极拳论》，技艺精进。杨班侯偏重太极拳的技击作用，在实战中下手比较狠。他擅长腾挪跳跃，臂力十分强大，尤其擅长太极大杆技术。满族人全佑跟杨露禅学拳，后来又奉杨露禅之命拜在杨班侯门下，后将杨班侯教的杨式小架太极拳修改定型为吴式太极拳，自成一家。杨班侯因为打了洋人，清军不敢继续留用，因此返乡。杨班侯传授的太极拳系列拳架有大架、中架、小架、快架、提腿架、撩挎八卦掌、四路炮捶、十三路炮捶、四玉捶、散手、一时短打及丹田功，至今仍在他的家乡永年县一带流传。

杨健侯

杨健侯（1839—1917），杨式太极拳第二代重要传人之一、杨露禅三子，名鉴，字健侯，号镜湖。杨健侯自幼从父学拳，他的拳术特点是刚柔并济，刀、剑、杆各种器械无不精通。杨露禅去世后，他接替父职在京授拳。杨健侯秉性宽厚仁慈、待人温和，从不恃拳傲场，武德极高，授徒众多。杨健侯非常注重太极拳的健身作用，他在继承父亲小架的基础上，扩大幅度，将杨式太极拳拳架修改成中架，既保持了拳法的技击特点，更适合健身需要。这在太极拳发展和传播中起了重要作用。杨健侯传拳法、功法有：太极打手论、打手论、身法、步法、太极歌、推手行功歌、用功歌、太极八字歌、不传、大小太极解、秘歌太极拳八字解、约言、用功之志、一时短打，另外还有十三式行功心得。杨健侯曾在清王府授传统内功太极拳，现俗称"老六路"。过去在王府学拳的王公贵族们，身体状况欠佳，一套拳打不下来，杨健侯就将套路分成六段，每段都有起势和收势，这就是"老六路"的由来。现在练习老六路的一气演练完整套路和普通演练108式长套路内容一样，动作有别。人们对杨健侯演练的拳架回忆说"他练出的轻灵劲极具魅力"。

杨少侯（1862—1930），杨式太极拳第三代重要传人之一，杨健侯的长子，名兆雄，字梦祥，号少侯。7 岁时就开始学习太极拳。他性情刚强，推手时喜欢发人，擅用散手。继承杨班侯遗风，功夫属于上乘。其拳架小而刚，动作快而沉，处处求紧凑。杨少侯不愿多传，从学者甚少。

杨澄甫（1883—1936），杨式太极拳第三代重要传人之一、杨健侯的三子，名兆清，字澄甫。幼承家学，经其不断研练改进，杨式太极拳成为太极拳的一个主要流派。1912 年，29 岁的杨澄甫在北京中山公园设立拳场，公开传授杨式太极拳剑、刀、枪，并授拳于北京体育研究社。1917 年杨健侯去世后，杨澄甫，闭门苦练 6 年。1923年，开门授徒。1928 年，他携门人弟子巡回授拳于南京、上海、杭州、广州、汉口等地，将杨式太极拳定型为大架。杨澄甫的入室弟子不下百人，《太极拳使用法》中所列 34 人为其弟子中的佼佼者，其中有被誉为杨澄甫南巡"侍卫"、功夫卓著的牛春明、李雅轩、崔毅士，另外还有武汇川、田兆麟、董英杰、王旭东、阎月川、田作林、徐岱山、褚桂亭、陈微明、张钦霖、王其和等。嫡传有其长子杨振铭、次子杨振基、三子杨振铎、四子杨振国及近亲傅钟文、赵斌。著作有陈微明执笔的《太极拳术》、董英杰执笔的《太极拳使用法》、郑曼青执笔的《太极拳体用全书》等。1935 年，杨澄甫第二次下广州授艺。不到一年，因水土不服患病，遂返上海治疗，1936 年 3 月 3 日病逝，终年 53 岁。

崔毅士

崔毅士，杨式太极拳第四代传人（1892—1970），名立志，字毅士，河北任县人。1909年进北京，慕名拜杨澄甫为师，是杨澄甫早期入室弟子。1928—1936年随杨澄甫南下，巡回授拳。1936年杨澄甫去世后，他又独自沿着当年杨澄甫南下走过的路线授拳于南京、武汉、西安、兰州、安徽等地。1945年返回北平定居。崔毅士为人纯朴善良，性情耿直，豪爽忠厚，专攻杨式太极拳功架，严格遵守杨家授拳的"明规矩而守规矩，脱规矩而合规矩"的作风。由于多年随师授拳，加上精心研修，深得杨家太极拳、刀、剑、大杆（枪）、推手真传。他功底深厚，造诣精深，尤以推手最为擅长，在中国武术界被誉为"燕京泰斗"，成为杨式太极拳在北京传承的重要代表人物。崔毅士久居北京，在中山公园古柏林授拳，并在1950年成立"北京永年太极拳社"，任社长。崔毅士拳式的特点是宽大柔绵、舒展，其技艺炉火纯青，有独具特色的"皮筋劲"和"秤砣劲"，被誉为"松沉大师"，还有最重要的，就是用骨架练拳。1964年，崔毅士创编了传统杨式太极拳简易套路 42 式，特点是没有重复拳式。流传有坛子功和抖杆子功。主要授业弟子有和西青、吴文考、刘高明、吉良晨、殷建尼、杨俊峰、张海涛、王守礼、陈雷、于家岚、方宁、李鸿、滕茂桐、王永珍、黄永德、孙政、崔彬、沈德丰、邱佩如、曹彦章、李连生、陈连宝等。嫡传女儿崔秀辰、孙子崔仲三、外孙张勇涛。

曹彦章

曹彦章（1929—2009），杨式太极拳第五代传人，汉族，山西人，中国共产党党员，京城著名武术家，中国武术八段。毕业于中国人民解放军海军航空大学，曾任北京市武术协会委员、顾问，北京市朝阳区武术协会副会长，北京市武术协会传统杨式太极拳研究会副会长兼秘书长等职。1991 年，曹彦章为创建杨式太极拳研究会立下汗马功劳，后又创立了中国永年国际太极拳联谊会北京分会，担任分会会长一职。

曹彦章自幼习武，1937 年随杨登弟学习少林拳，大、小洪拳，以及刀、枪、剑、棍等器械。后随许家福学习八极拳械和查拳。1954

年投师于杨式第四代传人崔毅士门下，专攻杨式太极拳、剑、刀、大杆、推手与散手等，深得崔师器重。曹彦章武术根基深厚，博学诸家之长，记性悟性均系上乘，加之潜心钻研，勤奋习练，他的拳架动作敏捷迅速，连绵不断，行云流水，形成独特风格。1981年，参加北京武术比赛获八极拳第一名、六合枪第二名；1982年，参加北京武术比赛获太极拳第一名、太极刀第一名、太极剑第二名。

曹彦章积极从事国内外的武术交流和传播工作，多年来在北京教授传统太极拳、剑、刀和推手，组织培训，参与国际、国内，社区、团体各类交流、学习、表演、竞赛活动，为继承和发扬杨式传统太极拳和普及太极拳运动、为中华武术走向世界做出了积极贡献，他也很注重科研和总结工作。1993年，参与中国武术协会亚洲武联组织的《太极推手对练套路》的编撰工作。1995年、1996年，应中国武协邀请于沧州审编《传统八极拳、劈挂拳对练套路》两种拳书与录像。参与编写审定《燕都当代武林录》一书。1997年后边教学边创编杨式太极拳短套路，几易其稿，最后定稿为《传统杨式太极拳39式拳谱》。2006年，带领弟子20名到通州学习并挖掘整理杨少侯一支的传承脉络，并整理完善资料上报北京市武术协会。

曹彦章收徒发证书的一共有8批122人，主要授业弟子有：李亚萍、董连勋、张自祥、张广亮、徐丽茹、吕桂良等。

曹彦章传授杨式太极拳功法、套路有：太极桩功法（13式）、传统杨式太极拳108式、传统杨式42式简易太极拳（崔毅士传）、传统杨式太极拳 39 式、杨式太极拳散手竞赛套路 30 式、太极拳推手对练套路（中国武术研究院于 1992 年组织老一辈武术专家集体创编，曹彦章是创编组成员之一）、太极拳散手对练套路（沙国政 1980 年整理出版的对练套路）、太极拳推手散手组合套路、传统杨式太极剑 51 式、传统杨式太极刀 13 式。

方宁

方宁，杨式太极拳第五代传人，1924 年生于北京，祖籍湖北黄冈。毕业于上海圣约翰大学，退休前为广东外语外贸大学教务长，精通英语、日语。

1943 年，始从上海王守先学习太极拳，自 1953 年正式入室，师从北京崔毅士学习太极拳 10 年。方宁经过近 70 年的寒暑修炼，太极拳功夫纯正自然，能周身发劲，充分展现出杨式太极拳真正内家拳以静制动的风貌。1981 年，在合肥受聘为该市武术协会委员，推手训练班高级教练。在广州长期业余授拳，弟子 200 余人，遍及国内外。撰有《谈太极拳功夫》《太极拳为什么称为太极拳——兼论如何识别真正的太极拳》《为什么说太极拳是内家拳》《极柔软然后极坚刚》等文。

李亚萍

李亚萍，杨式太极拳第六代传人，1951 年出生，中国共产党党员，第五届北京市武术协会委员，第七届北京市武术协会理事，中国武术八段，国家级社会体育指导员。20 世纪 70 年代末开始学习太极拳。1996 年，拜杨式太极拳第五代传人曹彦章为师，系统地学习传统杨式太极拳、剑、刀和推手。在学习传统杨式太极拳拳架中深得黄永德师伯的精心传授，后又远赴广州拜师伯方宁为师继续学习和深造，潜心于杨式太极拳拳架与推手相结合的研究与探讨。1994 年起在北京市太极拳比赛中，分别获得过陈式、孙式、杨式传统太极拳和42 式太极拳、剑第一名，杨式国际邀请赛金牌，陈式国际邀请赛第三名。

2010 年，开门收徒，入室弟子有：徐秀芹、张君虹、陆贝柯、向光川、王洪斌、汤志华、郑秋梅、宗宁、杨长禄、谭红宾、蔡秀芬、赵向东、贾圣君、常静平、国晓玲等，共 70 人。

其有多篇论文在《武魂》《中华武术》《中华武术研究》上发表。

其拳法于 2011 年被录入《中国太极拳大百科》。编写有《传统杨式太极拳 108 式精要 筑基进阶》一书，2018 年 8 月由人民体育出版社出版；《传统杨式太极拳·入门教与学》，于 2021 年 7 月由人民体育出版社出版。

常静平

常静平，杨式太极拳第七代传人，1955 年生于河北，中国武术六段，国家级社会体育指导员，国家三级武术裁判员，大兴区武术协会杨式太极拳分会会长。

1999 年开始学习太极拳。2002 至 2010 年，曾任河北省定州市太极拳教练，共培训学生近千人，多次率队参加省级太极拳比赛，荣获团体及个人奖牌数枚。2010 年进京。2014 年拜在杨式太极拳第六代传人李亚萍门下，开始系统学习传统杨式太极拳、剑、刀、推手。其后数年间曾多次参加国家、地区、市级等各项太极拳比赛，获得多项奖励。

三、拳法特点

　　杨式太极拳拳架结构严谨，舒展优美，身法中正，圆活饱满，松柔沉静，柔中带刚，迈步如猫行，运动如抽丝，行云流水，连绵不断，朴实无华。

　　拳势自始至终表现太极天体圆形运动，长江大河，滔滔不绝。阴阳不断转换，动作松柔缓慢，上下相随，内外相合，连绵不断，动中求静。太极拳的本质主要是技击，用于自卫防身，杨式太极拳更是如此。它强调粘连黏随，不丢不顶，外柔内刚，绵里藏针，暗含发劲，藏而不露，打人不露形。它以舍己从人、引进落空、以柔克刚、后发先制、四两拨千斤的独特技击风格享誉武坛。

第三节 吴式太极拳

一、历史沿革概况

吴式太极拳的发祥

吴式太极拳鼻祖全佑（1834—1902），生于北京市大兴县，满族，老姓吴福氏，字公甫。19世纪末，他在王府师从太极拳名家杨露禅学练杨式太极拳大架，同习者甚多，其中三人受益最佳：万春得刚劲、凌山善发放、全佑精柔化。后他们又奉杨露禅之命拜其子杨班侯学练杨式太极拳小架。全佑经过多年精心苦练，吸收杨氏父子大、小架之精华，逐步形成自己的风格，人称他的拳为中架式太极拳，但尚未脱离杨式太极拳的特点，可以说是吴式太极拳的雏形。

吴式太极拳的定型

吴式太极拳的定型是在1902年全佑逝世之后，其弟子王茂斋、郭松亭和儿子吴鉴泉等一起经过10多年的苦练、切磋、研究、提炼、升华，去掉了原拳式中的大开大合、低裆下势、发力发声等练法，有机地吸收了其他太极拳流派的一些经典技法，形成了新的拳式特点。该拳架势中正安舒、不纵不跳、轻柔缓慢、松静自然、紧凑舒伸、圆活灵巧，融点（穴）、打（击）、拿（反关节）、发（掷）、摔（跌）、卸（骨）为一体，含而不露。经过他们的广为传播，吴式太极拳名声显赫，学练队伍不断扩大，这就是后来人们公认的吴式太极拳。

吴式太极拳的得名，1959年，徐致一出版《太极拳》（吴鉴泉式）一书，尚未冠"吴式"二字；1963 年，人民体育出版社出版《太极拳全书》，方冠"吴式"二字；1989 年 6 月，由中国武术研究院审定的《四式太极拳竞赛套路》（杨、陈、吴、孙）出版后，才真正有了由国家行政主管部门确定的各式太极拳之名分。

综上史实，吴式太极拳的定型、创、传应该是以吴家嫡脉吴鉴泉为代表的一代人的丰功伟绩。他们在全佑先生以杨式太极拳为主要特点的中架式太极拳的基础上创立了一个全新的太极拳流派——吴式太极拳，他们是吴式太极拳开宗立派的先驱。

二、传承脉络

吴式太极拳传承谱系（大兴地区，部分）如下：

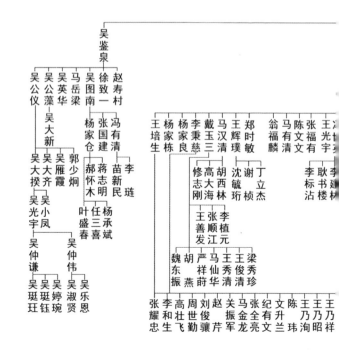

说明：传人谱只录至第四代传人（从吴鉴泉算起），排名不分先后。由于吴式太极拳影响甚大，传人已有六七代人，实难尽录，特此说明，并致以歉意。

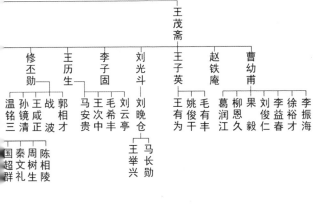

吴鉴泉

　　宗师全佑之子吴鉴泉 (1870—1942)，满族，自幼受父熏陶，喜武功、善射骑，太极拳造诣精深，自成流派，创建了吴式太极拳，并传遍大江南北。吴鉴泉原任职于清廷禁卫军护军营，后由参谋总长荫昌荐于大总统黎元洪，任总统府卫队师第十一师武术教官。1916 年，吴鉴泉与当时的武术名家杨少侯、杨澄甫、许禹生、纪子修、孙禄堂、刘恩绶、刘彩臣、张忠元、佟连吉、姜登撰、兴石如等成立北京体育讲习所，招收北京市各大中学体育学员等 60 余名。讲习所由于学员成绩斐然，深得北大校长蔡元培嘉许，并提请教育部拨给新址，扩大为北京体育学校，通令各省选派学员到京训练，为期 2 年，毕业后返回本省担任武术教员，吴式太极拳遂普及全国。北伐成功后，南京成立中央国术馆，由李景林、张之江任馆长，该馆历届国术考试皆聘吴鉴泉为评判委员。

王茂斋

　　王茂斋（1862—1940），是全佑的大弟子。1928 年，吴鉴泉南下以后，王茂斋经常在智化寺、东堂子胡同等处传播定型后的吴式太极拳。20 世纪 30 年代初期，在故宫博物院端门东侧（今劳动人民文化宫）成立了"北平太庙太极拳研究会"，王茂斋任主教，其弟子杨禹廷任助教。北平太庙太极拳研究会是当时太极拳爱好者集中学习、活动的群众组织和主要场所，亦是太极拳高手云集，名宿、商界及各行业人士练拳、交流之处。据说当时会员有 300 余人。王茂斋在全佑逝世之后，广收门徒，传艺不止，培育了众多的武林高手，并把其拳术技艺推广到山东、黑龙江等地。主要弟子有彭仁轩、赵铁庵、杨禹廷、修丕勋、曹幼甫、李子固、王子英（儿子）、刘光斗、王历生（侄子）等 100 多人。

杨禹廷

杨禹廷（1887—1982），名瑞霖，系王茂斋的得意弟子，著名太极拳教育家，祖籍北京。自幼习武，先后师从多位武术名家，学练过弹腿、八卦掌、长拳、黑虎拳、形意拳等，青年时即享誉京城。后来拜在王茂斋门下，专攻吴式太极拳，一生以研究传播吴式太极拳为业。1940年，王茂斋逝世后，由他执掌北平太庙太极拳研究会，先后在太庙、中山公园、天安门内的东阙门北侧等地开设拳场，每天来练拳的各界人士达二三百人，一度成为当时北京最大、人数最多的拳场。

为了改变过去多靠口传身授的教拳方法，解决"拳式技法，锻炼要领，均无文字记载，不仅使学生深感不便，甚至套路失传，经验中断"的问题，杨禹廷编写了《太极拳教学讲义》，并数次修改和充实，第一次把现代教学理论融入太极拳教材，把太极拳教学推向了规范、合理、科学的轨道。1961年，此教学讲义定稿为《太极拳动作解说》，开始在国内外广为流传。

杨禹廷武艺超群，理论精深，谦虚礼让，在武术界威望极高，口碑甚佳，武坛耕耘 70 余年。新中国成立初期，他倡议成立了北京市武术界联谊会，曾任中国武术协会委员、北京市武术协会副主席、北京市东城区政协委员。曾向驻京外交大使及政府高级要人传拳。

王培生

王培生（1919—2004），名力泉，号印诚，杨禹廷弟子。王培生弟子众多，著述丰富，开太极拳简化之先河，以太极推手和技击的精湛技艺享誉武林；以诸多太极拳新理念充实了吴式太极拳的体用内涵和文化内涵，其拳术技艺和理论在国内外武术界独树一帜。

1953 年，王培生结合教学经验，在传统老架 83 式的基础上，精简创编出吴式太极拳 37 式，先在北京和丹东地区普及推广，深受欢迎。《吴式简化太极拳》一书 1981 年正式出版后，很快在全国各地广为传播，还翻译为多种文字远播到国外，影响甚大。

经过王培生及其弟子的传播，全国各地先后建立了吴式太极拳辅导站，如广西南宁，湖北青州，河南焦作，河北保定、承德、唐山，山东莱州，山西阳泉，甘肃甘南，陕西西安，江苏南京，广东深圳，辽宁鞍山、公主岭、丹东、本溪、朝阳，黑龙江大庆等。在北京有 10 多所高等院校和机关单位长期请王培生老师传授吴式太极拳和推手技艺。

王培生还创造性地提出了太极拳是"实用意念拳"的观点，提出了练太极拳要"以心行意，按窍（穴位）运身"、要"神意不同处"、要注重运用"身体之六球"等重要理论，为太极拳的普及和发展做出了贡献。

李秉慈

李秉慈（1929—2022），杨禹廷弟子，北京东城人。李秉慈弟子众多，著述丰富，他协助国家主管部门创编了吴式太极拳 45 式竞赛套路，把吴式太极拳从民间推向了国家武术竞赛平台，对吴式太极拳的广泛传播起到了较大的推动作用。

1988 年，国家体育运动委员会为了进一步推动太极拳运动，组织专家编写各种太极拳竞赛套路。吴式太极拳名家李秉慈参加了吴式太极拳竞赛套路的编写并负责动作的整体规范与演练。为了尽量体现传统吴式太极拳的真实面目，他先后参考了 10 余种吴式太极拳前辈的著作，在传统老架 83 式的基础上精简创编，形成了吴式太极拳 45 式国家竞赛套路。在评定"杨、陈、吴、孙"四氏竞赛套路时，大家一致认为吴式套路编得较好。在连贯组合上，吴式的难度较大，结构合理。国家实行武术段位制后，把吴式套路列为六段的考试科目。

45 式竞赛套路的问世，把吴式太极拳推向了国家正式武术比赛的平台。吴式太极拳 45 式竞赛套路，后被国家列为各级各地体委、武术协会向广大群众推广普及的表演、竞赛项目。

张全亮

张全亮，吴式太极（北派）第四代传人，回族，1941 年 10 月生于北京大兴，曾担任原大兴县县委委员、大兴建筑工程总公司党委书记、大兴区人大常委会委员、大兴县武术协会主席、北京市武术协会委员、北京市吴式太极拳研究会常务副会长等职。20 世纪 70 年代初开始追随王培生学练吴式太极拳，1985 年正式拜师。2001 年退休后专心传承弘扬吴式太极拳和梁式八卦掌。

2005 年，张全亮创办成立北京大兴鸣生亮武学研究会，大力发展传习组织。他出版八卦掌、太极拳等武术专著 10 余部，在《中华武术》等武术杂志上发表论文多篇，录制发行太极拳、八卦掌教学光盘多套。他多次被各类高等级武术比赛聘为专家评委、裁判长。

张全亮所传承的吴式太极拳，于 2009 年被评为北京市非物质文化遗产保护项目，2014 年被评为国家级非物质文化遗产代表性项目。2020 年 12 月 17 日，太极拳被联合国教科文组织正式批准列入世界级人类非物质文化遗产代表作名录，张全亮应邀率队赴河南陈家沟，代表吴式太极拳向中国文旅部做了传承发展的汇报，和七大流派代表性传承人一起参加了庆典大会的启动仪式，进行了吴式太极拳表演。

三、拳法特点

吴式太极拳的运动特点

端庄平稳，气度开阔。单腿负重，川轨步型（规范）。

虚实分清，交叉相助。立圆为主，紧凑舒伸（特点）。

轻静柔化，伺机而动。按窍运身，如水涸沙（要求）。

行云流水，纯以意行。诗情画意，三才相通（神韵）。

上述这四个方面在实践中还要特别强调四个要求，即求自然找感觉，守规矩求细腻，重神意求合力，重文理求艺趣。

吴式太极拳健身原理

松静除张，缓慢增力。

细腻化瘀，想穴除疾。

柔化抗衰，观妙开智。

中正安舒，单重轻灵。

体脑并练，益寿延年。

阴阳合德，与天同运。

吴式太极拳的技击原理

上如行云随风变，下如流水顺势走，彼刚我柔如翻版，

处处旋涡处处轴，引进落空合即出，粘连黏随不丢顶。

吴式太极拳六个不变的原则

三融四坠腹内松，公转自转气腾然，单腿负重川轨步，

按窍运身水洇沙，内导外随神领形，以腰使手走螺旋。

第四节 李式太极拳

一、历史沿革概况

李式太极拳全称为少林悟真派李氏太极拳，是由近代著名武术家李瑞东集多门派的武术精华所创编的拳法，是太极拳的流派之一，又称太极五星捶、太极五行锤，广泛流传于北京、天津、河北等地。严格来说，李式太极拳由天盘拳、地盘拳和人盘拳组成。

李式太极拳传习至今已有五代，不少三、四代的老拳师现在仍致力于李式太极拳的推广和普及。近年来，由于武术事业的发展，李式太极拳也流传到了中国香港、澳门、台湾地区，日本、韩国及欧美国家。

二、传承脉络

李瑞东

李瑞东（1851—1917），李式太极拳创始人，名树勋，字文侯，号瑞东，又号烟霞逸士，天津武清城关镇人。因鼻子扁平，人称"鼻子李"。1851 年出生在一个县吏家庭，自幼酷爱武术，一生历经六大名师传授武功。初练少林等外家拳术，青少年时代曾拜河北饶阳戳脚门名师李老遂为师学艺 9 年，尽得其门真髓。青年时代与王子斌（即大刀王五）义结金兰，互换拳艺，得王五所传"山东教门弹腿"之精妙。1880 年，遇太极拳宗师杨露禅大弟子王兰亭，与其比武输手，王兰亭代师授艺，与李瑞东结为师兄弟。此后随王兰亭进京，并由师兄引荐到京城王府任职。任职期间，在学习太极拳的同时，还曾拜八卦掌创始人董海川、岳飞后嗣岳青山、河南嵩山少林寺住持龙禅法师等各派大家为师学习八卦掌技艺、岳家心意六合拳及嵩山少林寺内廊秘法拳。1894 年，为慈禧太后做祝寿表演，显露轻功绝技，被慈禧誉为"神鹰"，留宫内充任四品带刀侍卫。1900 年（庚子年），八国联军入侵，曾经参与抗击联军的战斗，死里逃生。两宫回銮后，其与弟子李进修辞职回武清。从此在家中研究各派拳学，将自己平生所学六大门派武术之精华熔于一炉，系统地整理出了"太极五星捶""太极 64 式""十三外丹歌诀""太极内功运用"等套路，创造出了"李式太极拳"。由于武德高尚，功夫上乘，李瑞东曾在天津创办"中华武士会"，并担任会长。民国初年，受命主持天下武林英雄会，任总裁判长并做上乘武功表演。1917 年农历正月初二辞世，享年 66 岁。

　　李伯英（1894—1952），李瑞东长子，人称"北大侠"，完整地继承了李瑞东的各种功法，尤擅少林棍法，其日常练习之棍，重凡36斤。曾任国立北平大学国术教练，东北陆军大学武术教练，河北省国术馆教务、教习等。民间称之"打遍天下无敌手，一把单刀闯关东"。据当年李伯英的老街坊回忆："李伯英练功时我们看不到，可是村里有一个池塘，每天后半夜他都在池塘边练大枪，带起的水有丈把高，哗哗地响，街坊问他在练什么功，李伯英答是练'粘'的功夫。"

任万良

　　任万良（1899—1975），号群玉，北京通州永乐店镇鲁城村人，李式太极拳第三代传人，（任式拳法）创立者。自幼酷爱武术，游历四方，八拜名师，博采众长，自成一格。曾拜著名镖师师华亭，"北大侠"李伯英和其弟子张涛、吴鉴全，形意拳尚云祥，白猿通臂拳张文诚，龙形太极张震芝，螳螂拳杨志学艺，集太极、形意、八极、螳螂等拳法之核心精意，融会贯通，几十年后终于大成，创立任式拳法。任万良一生颇为传奇，在通州等地侠影萍踪，开设武馆广传国术。任万良曾在京城前门区供电单位负责电力巡查，有一次去驻扎在附近的日本兵营查电时遭到日本兵的围攻，一人痛击 20 多个日本兵，日后日寇对之闻风丧胆。

任正光

任正光，生于 1933 年，李式太极拳第四代传人，任式拳法第二代传人，中国武术六段，是当今李式太极拳、任式拳法的掌门。任正光 1960 年到大兴黄村工作，1971 年开始收徒。自在大兴收徒以来，授徒数百名，曾带领数名弟子赴香港参加国际武术竞赛并传授拳理拳法，在武术界颇具影响力。

三、拳法特点

李式太极拳讲究练"理"、练"势"、练"气"、练"机"，以"理"为主导，明"理"才能"势"正，"气"畅、"机"灵。

李式太极拳体松舒展，刚柔相济，连贯灵活，体用兼备。全套动作 120 式，按春、夏、秋、冬四季分成四段，每段因季节不同，拳势也有轻重缓急、刚柔凶猛之分，认真练习定能体会到其精妙所在。

第五节 梁式八卦掌

一、历史沿革概况

八卦掌这种传统的民间武术历史悠久，清道光中期至光绪初年，是八卦掌发展最盛时期。当时，北京一带学习八卦掌的人很多，大兴地区民间也有很多人在习练八卦掌，但学的是尹式八卦掌，梁式八卦掌是在 20 世纪 70 年代在梁式八卦掌第三代传人张全亮的引领、传播下在大兴地区迅速发展起来的。

二、传承脉络

董海川

董海川（1797—1882），八卦掌创始人，河北省文安县朱家务村人，董海川原名董明魁，其父董守业，以务农为生，有三子，长子董德魁、次子董明魁、三子董武魁。董明魁从小在开口村跟威名震河朔、相从习艺者不下数百人的著名武术家董宪周朝夕相处，学其武技，受其熏陶，而痴迷武术，不治生产。加之身材魁梧，臂长手大，臂力过人，擅长技击，以武勇扶危解困而著称乡里。但因不务正业常遭继母和父亲训斥，心中郁闷而离家进京，想以武术考取功名。但没想到北京高手云集，到京后多次与人比手，多以败北告终。严酷的现实，使他无意再回家乡。经过冷静思考，董明魁决定闯荡江湖，遍访名人高手，探究武术真谛，攀登武学高峰，而南下出走。

董明魁虚怀若谷，壮志凌云，为攀登武学高峰而立下海纳百川之志，更名为董海川。其足迹遍至吴越、巴蜀和江皖等地，深入大山名川，搜奇探险，壮大襟怀，遍访各门派隐士高手，虚心求教，大胆切磋，反复印证，认真总结。在安徽九华山得到道家异人毕澄霞授予"转掌"，苦练研习数年。又得其师叔郭济元（铁拐道人）指导，经过多年的兼收并蓄，博采众长，苦练深悟，纳其所学，总结、提炼、精化，后受道家"转天尊"的启发，依据先、后天八卦的生克变化之理，创造出流传至今的内家名拳八卦掌，成为武林各门各派无不尊崇、一致公认的一代名门宗师。

董海川之八卦掌传人众多，逐步形成了各种流派，如尹式、程式、梁派、史式、樊式、张派等。每个流派又有很多传人，现在大概已经传到第六、第七代了。八卦掌的代系传递字谱是：海福寿山永，强毅定国基，昌明光大陆，道德建无极。

梁振蒲

梁振蒲（1863—1932），字昭庭，河北省冀县城北后家豖村人。自幼好武，7岁拜本村秦凤仪老拳师学弹腿。13岁到北京，在前门外万兴估衣庄学徒，以贩估衣为生，故人称"估衣梁"。由于身材矮小，体弱多病，经掌柜介绍拜董海川为师学习八卦掌。梁振蒲入门较晚，但由于天资聪颖，练功刻苦，勤思善悟，深受董海川喜爱，得八卦掌之真髓。且梁振蒲虚怀若谷，尊师敬长，和众师兄弟关系甚好，经常虚心向尹福、程廷华、史计栋等师兄求教，勇于切磋，善于博采众长，技术比较全面，以功夫精湛成名。

梁振蒲性格豪爽，好济人急，有古侠之风。成名后，除卖估衣外，还在北京前门外珠市口南德盛居黄酒馆传授八卦掌（因为掌柜王成斋是他的门徒）。弟子很多，除北京外，河北保定、冀县、束鹿、山东等地均有众多门徒，可谓桃李满天下。梁振蒲以"八卦纯功艺服冀县'四霸天'""大闹马家堡、鞭毙恶棍赵六等数十人""腾步走荷叶""三掌毙驴命""劫匪还包袱""徒手拔钉子""以艺服徒教训马车夫"技胜镖师教训炊事员"等八卦掌神功绝技的逸事佳话，享誉武林，这也成为其开宗立派的基础。

李子鸣

李子鸣（1902—1993），名庸，原名李直，字子鸣，河北省冀县李家桃园村人。李子鸣出身世家，家境尚好，4 岁起随父李晋印去私塾就读，并从叔李晋卿习拳棒。13 岁至关外祖遗永盛金店学徒。后因病回归故里，从师梁振蒲习练八卦掌，身体日渐康复。后入河北国术馆，得到张占魁、尚云祥、居庆元等名家点拨。在京与郭古民、李少庵、曾省三、刘志刚等交往密切，从其身上所学甚多。20 世纪 80 年代后，李子鸣广收门徒，传授八卦掌技艺，同时著书立说，先后编著了《董海川转掌》《梁振蒲八卦掌》《八卦掌悟通》《八卦掌珍秘录》等，为日后梁式八卦掌技术体系的定型与完善做出了重大贡献。为了保护八卦掌珍贵文物，尊师敬长，纪念流派传人，推动流派发展，1978 年，李子鸣组织门人及海内外同人克服重重困难，用了两年多的时间，把已被破坏的董海川墓碑从地下挖掘出来，迁到万安公墓，后又把梁振蒲、郭古民等第二代、第三代八卦掌名家的坟墓也迁至此，形成了一片八卦掌碑林，成为吸引海内外武术人士瞻仰、参观八卦掌文物的胜地，并鲜明地树起了梁式八卦掌流派的大旗。

1982 年 3 月，李子鸣在北京市体委、武协的支持下，成立北京市八卦掌研究会，这是全国第一个单拳种研究会。李子鸣担任会长以后，带头破除保守思想，排除门户之见，以广阔无私的胸怀，在武术刊物上首次公开发表并注释了八卦掌门历来秘不外传的董海川云盘转掌"三十六歌"和防身御敌"四十八法"，对推动全国各拳种和各门派武术技艺的挖掘、整理、发展、普及工作，起到极大的促进作用。为了推动八卦掌的发展，他组织倡导北京市各公园和练功点成立了26 个八卦掌辅导站，并创办了八卦掌研究会会刊。李子鸣花费巨大的精力、财力，对梁式八卦掌的理论资料和拳械套路进行了科学系统的整理和研究，写出了很多宝贵文献，无私奉献给国内外广大武术爱好者、大专院校和科研机构。他先后被 50 余家武术团体、馆社聘为顾问或名誉馆长，并被聘为中国武术协会荣誉委员，担任北京市武术协会副主席、顾问等职，弟子门人遍布各地，人才辈出。

由于李子鸣的不懈努力和贡献，梁式八卦掌的真谛为越来越多的人所了解，因而学练梁式八卦掌的人也越来越多。北京、河北、河南、山东、山西、湖北、安徽、浙江、辽宁、吉林、云南、台湾、香港等省市，以及日本、美国、韩国、澳大利亚、英国、俄罗斯、新加坡等国家均有梁式八卦掌的弟子门人。

梁式八卦掌的定名，应归功于李子鸣，1968 年郭古民去世以后，李子鸣与郭老的众多弟子，如刘介民、王其昌、诸葛家葆、付子斌、高紫英、张兆龙等共同商讨，将梁振蒲八卦掌定名为梁式八卦掌，并于 1982 年出版了十六开本《梁式八卦掌》一书，此书的出版发行在全国八卦掌界引起了巨大反响，并广为流传，对八卦掌研究普及起到巨大的推动作用。

张全亮

张全亮，1941 年生，梁式八卦掌最具代表性的第三代传人，北京大兴区榆垡镇崔指挥营人，自幼习练各种拳术。20 世纪 70 年代，张全亮结识梁式八卦掌第三代传人李子鸣的徒弟马传旭，经其介绍拜入李子鸣门下习练八卦掌，并深得李子鸣宠爱，将八卦掌之精髓倾囊传授。张全亮在李子鸣的栽培下武功突飞猛进，苦练多年，终成一代名家。

张全亮第一个把梁式八卦掌引入大兴，以此为基地弘扬发展，并取得了显著成绩，享誉国内外。多年来，张全亮刻苦钻研，笔耕不辍，出版了 6 部八卦掌专著，15 盘八卦掌拳术、器械光碟，其中

《八卦三合功》《李子鸣传梁式直趟八卦六十四散手掌》《八卦掌答疑》三书在海峡两岸优秀书刊交流中，被台湾大展出版社和新潮出版社选中，先后于1996年、2005年在台湾用繁体字出版。他还在《中华武术》等国家媒体平台发表八卦掌论文和专稿100余篇。中央电视台等多家媒体对他进行过报道。张全亮还创编了周身大练法、周身击法、八卦洗髓功、八卦连环步、八卦连环桩，八卦游龙掌一、二、三路、八卦太极拳、八卦三合剑、八卦滚手刀、八卦风火轮、八卦子午鸳鸯钺等10余种新的拳术、器械套路，并公开传授、出版专著。张全亮先后采访宣传了10多位八卦掌武术名家，整理发表了20位八卦掌前辈的逸事，协助中央电视台把八卦掌推上了《武林大会》中国传统武术擂台赛，并亲自负责组织海选，担任策划、总教练和擂台赛专家评委等工作。

张全亮和弟子在大兴区老年大学任教20年，每周都有两半天的八卦掌课、三半天的太极拳课，教授的学生达数千人。他还在国内外多家院校、武术文化研究单位任有荣誉职务，曾先后担任多项赛事活动的专家评委、总裁判长、总教练等职，现有入门弟子300余人。

三、拳法特点

在掌形上，为龙虎掌。要求松肩畅劲，拇指外展，虎口撑圆，食指回指眉梢，中指上竖，中指、无名指分开，无名指、小指内旋，掌心内含，沉肩、坠肘、坐腕，掌根前顶，掌指上挑，其形似龙爪，亦似虎爪；

在掌法上，多用推、托、带、领、搬、扣、劈、撩、穿、挑、截、塌等掌法。

在身法上，以拧、旋、走、转、揉、抖、钻、翻为长，要求做到旋如球、轻如毛、快如电、稳如山。

在步法上，以扣、摆、进、退、跨、绕、冲、叠为主。

在腿法上，善使屈、踹、崩、点、截、踩、蹚、踢。

在走法上，要求抱膝摩胫、扭腰坐胯、如蹚（泥）似踢（力贯足尖）、如推（磨）似坐（轿）。

在形象上，强调猴头、蛇眼、龟背、龙腰、熊膀、虎胯、鸡腿、鹏展、鹰旋。

在战术上，善趋其后、以正击斜、声东击西、避实击虚、指上打下、借力打力、以变应变、以捷制疾。

在理论上，以"简易、变易、不易"之易理和云盘转掌"三十六歌"、技击实战"四十八法"为指导。

在武德上，提倡海纳百川之精神、炉火纯青之功夫、见义勇为之正气、尊师重道之美德。

第六节 程式八卦掌

一、历史沿革概况

八卦掌是著名的中国三大内家拳之一，具有自卫防身和强身健体的双重功能，是中国武术体系中的顶级拳术之一。始自清朝末年，董海川首创，其弟子遍布当时的各个行业，著名弟子有尹福、程庭华、史记栋等。而程式八卦掌是以程庭华的姓氏命名，也反映出程庭华高超的八卦掌技艺和德高望重。有记载说程庭华在 1900 年八国联军侵犯中国进入北京城时期，曾与数十个德国士兵交手并获胜，不幸撤离时被火枪击中身亡。其弟子们不负师望，继续广为传播程式八卦掌。延续至今已经五六代人，代表人物众多。

程庭华及其传人主要在京城前门、花市及京南地区的著名武术重镇大兴区青云店镇传授八卦掌。民国初年在现在的崇文门外花市的火神庙近旁建有大兴国术馆，其中就有程式八卦掌传承，后主要传播到山东、天津、河北及东北地区，现在八卦掌已经传播到全国各地及世界各国。而北京是八卦掌首要的源头所在。

大兴区青云店镇的张瑞田承继先辈传统，自幼喜爱武术，先后学习青云店多种传统武术，并自 1988 年起追随当代程式八卦掌大师刘敬儒习练程式八卦掌，立志发扬传统，以竭力传承程式八卦掌为主，重振青云店镇武术之乡的美名。

二、传承脉络

程庭华

　　程式八卦掌是八卦掌诸多流派中较有影响、流传甚广的一支，系八卦掌始祖董海川高徒程庭华所创。程庭华（1848—1900），河北省深县人，八卦掌门中的代表人物之一。

　　程庭华自幼入京学徒，后在崇文门外开设眼镜店，人称"眼镜程"。他将从小习得的摔跤等技艺有机地融入八卦掌，根据自己的实践和感悟不断充实完善，逐步形成了风格独特的程式八卦掌，亦称"南城派"八卦掌。

　　程庭华成名弟子众多，除孙禄堂外，较有影响的还有刘斌、杨明山、李文彪、程有功、程有龙、程有信、张永德、姬凤祥、刘振宗、王丹林、冯俊义、张玉奎、高义盛、何金奎、郭凤德、李梦瑞等。

李文彪，生卒年不详，八卦掌宗师程庭华的得意弟子，八卦掌第二代传人。

骆兴武（1891—1967），原籍河北省束鹿县，字德文，中国近代形意拳武术名家。青年时于西北军冯玉祥部队从军，后拜八卦掌名师李文彪为师，成为程式八卦掌第三代传承人。

刘敬儒，1936 年生，河北省高阳县人，中国武术九段，北京市武术协会八卦掌研究会第一届副秘书长、第二届副会长、第三届副监事长、第四届监事长。现任北京市八卦掌研究会副会长，程式八卦掌主要传人之一，国家级非物质文化遗产代表性传承人。

张瑞田

张瑞田，1949 年生，大兴区青云店人，程式八卦掌第五代传承人，技术全面，理论扎实。自小由于体弱立志习武，1961 年，拜青云店清末赫赫有名、武功神奇的殷德魁先生之孙殷凤岭为师，殷家拳法属于三皇门少林派，先后学习了从武术基本功到入门拳、八趟满功弹腿、四趟二郎拳、二趟掩手及擒拿散手；武术器械一趟黏枪、两趟行者棍，虎头双钩和三皇剑各一趟。

张瑞田 1988 年带艺投师刘敬儒，学习程式八卦掌、形意拳。次年正式拜师入室。1992 年，参加大兴区武术表演赛，演练八卦游身连环掌，一举夺魁。2015 年 11 月，他在大兴区武术文化节暨武术大赛上又获得八卦游身连环掌和八卦子午鸳鸯钺两个项目的金牌。2002 年，张瑞田被聘为大兴区第二届武术运动协会副主席，现任大兴区武术协会常务理事，大兴区非物质文化遗产代表性传承人。

三、掌法特点

行走身形似游龙，动转如猴样灵活，身形似虎坐，换式如鹰翻。步如蹚泥，手臂似拧绳。气沉丹田，劲力沉实，内外合一。以掌为法，掌指用法多变。推托带领，穿截切劈。以走为用，忽然一去丈远，忽然而回目前。或粘或走，或开或合。忽隐忽现。斜出正入，明暗腿法，七拳互用。劲力刚柔相济，虚实相生。

程式八卦掌是以掌法变换和行步走转为主的内家拳术。蹚泥步走转圆形轨迹，每一圈八步，一掌前伸另一掌在后，契合八卦的乾坎震艮巽离坤兑八个方位。程式掌形称为龙爪掌，以拇指外分和食指撑圆虎口塌腕立掌，行圆走转，屈膝拧腰坐胯，步如蹚泥。有基础八掌、八大掌、八卦连环掌、八八六十四掌、八卦子午鸳鸯钺……

第七节 开门八极拳

一、历史沿革概况

八极拳，中国武术拳种之一，其动作朴实无华，刚柔并济，内外兼修。"八极"一词原为古地理概念，源于汉《淮南子·坠形训》中的"天地之间，九州八极"。"八极"用于武术，则取意于"发劲可到四面八方极远之地"。清末民初时，八极拳因王仲泉、张景星、李书文、王连峰、霍殿阁、刘云樵、吴会清等人而闻名中国，后传入日本、韩国及其他国家，如美国、加拿大、英国、法国、比利时、丹麦、意大利等。如今，八极拳盛行于中国北方及台湾。

作为国家十大优秀拳种之一，八极拳的起源时间和地点至今说法不一。一说康熙年间由河南焦作月山寺（一作岳山寺）传出，故又名"岳山八极拳"；二说系一道士传授河北庆云回族人吴钟（亦称吴忠）；三说也是流传较广泛的说法，由清代云游高僧"癞和尚"所创。但以上三种说法均无历史记载，有待于进一步研究。

八极拳前身是少林五行八法拳。癞和尚云游至山东省庆云县后庄科村吴天顺家中化缘，吴天顺热情款待。茶饭后癞和尚见一少年练武，一问知是吴天顺次子吴钟。吴钟自幼酷爱武术，癞和尚见吴钟功底深厚，很有天资，便给予指点。所言皆是吴钟闻所未闻，见所未见，吴天顺看后知遇真人，急命吴钟叩拜认师。吴钟苦练八极拳数年艺成，曾只身三闯少林寺，机关暗器无一着身，巧得鱼谷鞭，且一杆大枪扎遍天下无敌手，有"从南京到北京大枪属吴钟"之说。吴钟遵师命将八极拳传至沧州，从此八极拳在沧州生根，代代相传遍及海内外。

吴钟有女无子，长女吴荣得父亲真传，功夫了得。吴荣传张克明、李大中，张克明传张景星、黄四海，黄四海传李书文、王仲泉。其中影响力较大的李书文、王仲泉等，人称"神枪李书文"和"天下第一神棍王仲泉"。

"八极拳"以其强劲而在中国近代历史中颇有影响。八极拳手李书文是驰名天下的神枪（大枪）手，曾被民国时期的许兰洲将军、李景林提督等召用为保镖和武术教师，在军阀割据的时代，活跃在风云多变的政治舞台上。而李书文的三个弟子，也曾在激烈变革的中国近代史上扮演过奇异的角色。李书文的大弟子霍殿阁做过末代皇帝溥仪的武术教师和警卫官，直到伪满时期。李书文的最后一个弟子刘云樵，在国民党政府警备队服役，当过侍卫队教官和蒋介石警卫。而李书文的另外一个弟子李健吾，做过毛泽东主席的警卫。

八极拳传入近代形成了很多支系，如孟村支系、南皮支系、罗疃支系、长春支系等。

二、传承脉络

大兴开门八极拳本属河北廊坊万庄系，与河北沧州罗疃系为同一支系。此系是由第五世王仲泉所传，经历代发展，至今已有十代传人。

开门八极拳传承谱系（大兴地区）如下：

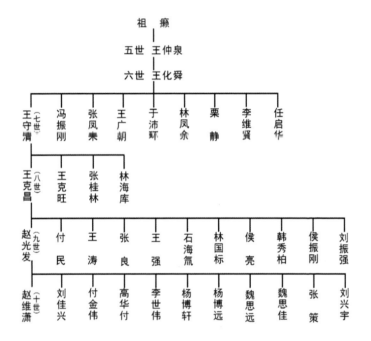

　　王仲泉（1846—1919），河北省沧州市南皮县张旗屯村人。1862年，拜黄四海为师。1874年，回故里授徒。王仲泉有个堂兄王仲山，在北京皇宫内任四品带刀护卫。王仲泉在清末期到京城投奔堂兄。在京城期间，他结交了很多武林高手，在武术方面取长补短，将八极拳演变发展。其独特的武术风格与八极拳其他支系有微妙之不同。后他因为朋友打抱不平，得罪官方，无奈离京。经北京"八大祥"之一的广盛祥大掌柜介绍，与廊坊市广阳区万庄镇柳林马坊村林二姑结为夫妻，从此定居万庄，将八极拳传入万庄。

　　王仲泉在武术界声望极高，将八极拳练至"炉火纯青，登峰造极"的境界，曾在北京挂棍8年之久未逢对手，有"天下第一神棍"之称。

　　王化舜（1888—1974），河北省廊坊市广阳区万庄镇柳林马坊村人，1902年，拜王仲泉为师。1908年，在京会友镖局任镖师，后又到国民军二十九军大刀队任教官。"七七事变"后回乡授徒，在京城有"京南大杆王"之称，是罗疃开门八极拳万庄系主要传承人，八极拳第六代传人。

　　王仲泉到万庄后首传王化舜。王化舜传王守清、冯振刚、张凤来、王广朝、于沛环、林凤余、栗静、李维贤、任启华等几十名弟子。

　　王守清是河北省廊坊市广阳区万庄镇柳林马坊村人，王化舜大弟子，八极拳第七代传人。王守清又传长子王克昌、次子王克旺，后传张桂华、林海库等十几名弟子。

王守清是位武痴，终身习练八极拳，铁砂掌、朱砂掌并修，把八极拳练得炉火纯青。他曾给一地主家打长工，地主家有一匹烈马，异常不听驯管。掌柜的知道王守清习武，便叫他去用此马干活，哪知道这匹烈马又踢又咬，王守清随手打了马一掌，谁知第二天这匹马就死了。把马毛扒开，清晰地看到一手掌印，马还断了几根肋骨，后期地主也没给他工钱。村里生产队有一头大黄牛，在干活犁地时，专门顶人。有一次大黄牛见到王守清就用头角来顶，王守清急用几根手指顶住大黄牛脑门，把大黄牛顶得一步一步往后退。王守清再一用力，大黄牛便瘫卧在地，从此这牛见到王守清就怕，再也不敢随意顶人。

王守清出名后，村里有个壮汉，长得魁梧，力大无穷，经常和王守清说："我看不起你们练武术的，我劲大，你们练武也没用，我给你们一只胳膊都搬不动。"说着一把向王守清抓去，王守清顺势一搏，用八极拳中的缠招式，就把对方放倒在地，没想到此壮汉因此受了内伤，一年都在家养伤，不能干活。此人养好后，憋劲想报复王守清。一次趁王守清在水沟边喝水时，想把他按到水沟里，王守清回手一抓壮汉的脚脖子，稍微一用力，对方啊的一声便瘫软在地，痛得嗷嗷叫，从此再也不敢和王守清动手了，还到处说王守清手比老虎钳子还有劲，被抓住了就痛得受不了。

王克昌

王克昌，男，汉族，出生于 1951 年，河北省廊坊市广阳区万庄镇柳林马坊村人。八极拳第八代传人。2014 年，担任北京市大兴区武术协会开门八极拳分会名誉会长。2015 年，担任罗疃开门八极拳万庄系修谱传承组委会会长。

王克昌 9 岁就和父亲王守清练习八极拳，不到 20 岁就把八极拳的各种拳法、刀枪棍棒法等全部继承下来。父亲去世后，20 多岁的王克昌就承担起家庭重任。家有年幼的弟弟，年迈的母亲，多病的妻子，后来还有了孩子，生活艰苦。但即使在这种家庭困境下，王克昌从不间断习练、研、学八极拳，并把八极拳的精华部分传给长子王涛，弟子赵光发、付民、张良、王强、石海氚、林国标、侯亮、韩秀柏、侯振刚、刘振强等。

赵光发

　　赵光发，生于 1963 年，北京市大兴区安定镇后安定村人。1978 年，拜本村拳师卢凤山学练少林拳的三步架、头趟、二趟、二郎拳、弹腿等，同时研学气功。1987 年，又拜开门八极拳第八代传人王克昌为师学练开门八极拳。2014 年至今担任北京市大兴区武术协会副主席、大兴区开门八极拳分会会长、开门八极拳万庄系修谱传承组委会副秘书长。

付民

　　付民，生于 1966 年，河北省廊坊市万庄镇柴孙洼村人。1984 年，拜开门八极拳第八代传人王克昌为师学练开门八极拳。2014 年，担任北京市大兴区武术协会开门八极拳分会副会长。2015 年，担任开门八极拳万庄系修谱传承组委会副会长，同时授徒教练开门八极拳。

　　付民一次在朋友家遇到一个摔跤高手，无意间聊起武术，对方很高傲地说，三年把式不如当年跤。付民和他说，摔跤是半招，以摔倒对方为目的，武术是整招，以伤或制服对方为目的。摔跤高手说："那我和你试试看，看你怎样伤我。"说着就过来抓其肩部准备用力一搋，同时一个泼脚，付民顺其之势轻把左脚抬起，对准他的脚踝骨向外一铲，也就是八极拳中的童子拜佛的起式，当时对方就疼得抱腿倒地，汗如雨下。还有一次付民和师叔一起喝酒，师叔说："你师傅都教你什么了？听说你挂打用得不错，你给别人用行，但给我你用不上。"说着师叔就是一个折江手，进步一个大缠，付民急忙用了一个转环手，躲开了师叔折江手，紧接着义是一个挂打，师叔则用了一下挤靠，付民随之用了一个退步掌，万万没想到就这一掌伤到了师叔。因为当时付民练了一年多的铁砂掌，也不知道自己的掌力到什么程度。第二天师叔脸色铁青，找到他说自己受内伤了，不敢动弹了，心里很难受。付民便和师叔一起找到师傅王克昌，王克昌得知之后立马开了100服本门所传大药对师弟进行治疗，其半年后才得以康复。自此之后，付民便不敢和别人轻易交手了。

为了发扬光大开门八极拳，2012年，赵光发、付民经师傅王克昌同意，收徒传艺八极拳。同传弟子有赵维潇、刘佳兴、付金伟、高华付、李世伟、杨博轩、杨博远、魏思远、魏思佳、张策、刘兴宁等。

三、拳法特点

八极拳为中华武术拳种之一，全称"开门八极拳"。称"开门"者，取其以六种开法（六大开）作为技法核心，破开对方"门户（防守架子）"之意。称"八极"者，系沿用古代有"九州之外有八寅，八寅之外有八纮，八纮之外有八极"的说法，寓"八方极运"之意。

八极拳以其动作简洁、发劲迅猛、长短相兼等独特风格流传至今，早年因地域不同而被称作"巴子拳""八忌拳""八技拳""开门八极""开拳"等。但近代根据其发劲可达四面八方极远之处的特点，以"八极"二字定名。

北方称武术为把式、八式。"八极"的意义在于勉励门人弟子要将八（把）式练到极高的境界。另外八极拳的训练讲究头、肩、肘、手、尾、胯、膝、足八个部位的应用，所以"八极"之名是要求本门弟子将这八个部位的功能发挥到极致。

八极拳以头、足为乾坤，肩、膝、肘、胯为四方，手臂前后两相对，丹田抱元在中央为创门之意。以意领气，以气摧力，三盘六点内外合一，气势磅礴。八方发力通身是眼，浑身是手，动则变，变则化，化则灵，其妙无穷。八极拳非常注重攻防技术的练习。在用法上讲究"挨、戳、挤、靠"，见缝插针，有隙即钻，不招不架，见招打招。

八极拳属于短打拳法。在技击手法上讲究寸截寸拿、硬打硬开。真正具有一般所述挨、戳、挤、靠、蹦、撼之特点。发力于脚跟，行于腰际，贯力于指尖，故爆发力极大、极富有技击之特色。

八极拳闻名于其刚柔并济的拳风和近身靠打的招式，其中"贴山靠"较为著名。八极拳弟子们习练贴山靠时，常常会用自己的身体去靠墙、靠树、靠桩，可想而知其威力之大。运用贴山靠进招的关键就是近身，以"打人如亲吻"的距离接近对手，用肩部撞击对方。看似以肩部为发力点，实则结合了腰胯部的扭转力，合全身之力向对方靠去，给人极大的伤害，将人撞击倒。"开门出手，六力合一"，六大开之劲力在贴山靠上面，展现得淋漓尽致。而下盘功夫中，"搓踢"是八极拳重要的腿法之一。八极拳讲究"行步如蹚泥，脚不过膝"。它要求踢击时攻击点落于对手的膝关节以下，小腿及足部。短距离搓踢，达到攻击对方下盘的目的，令对方无法防御。

此外，八极拳是非常讲求实战、打练结合的拳种之一，猛起硬落、硬开对方之门、连连进发是八极拳技击中的特色。它具有很强的实战价值，武警、公安训练的擒拿、背摔、格斗等都吸收了八极拳的某些特点。

第八节 宋式形意拳

一、历史沿革概况

形意拳是中国四大名拳之一，相传为南宋岳飞所创，后据考证，为清初山西省永济县姬隆丰所创，至今已有近 400 年的历史。据古拳谱记载，姬氏初创时，以"心之发动曰意，意之所承为拳"作为拳理，故称之为"心意六合拳"。"心意六合拳"继承人曹继武根据姬氏所授心法与前后六势的拳法特点，取其精华归纳为五行、十大形练习。曹继武高徒戴龙邦深得心意六合拳之妙理，结合自身体会，创编了五行拳，即劈拳、崩拳、钻拳、炮拳、横拳。该拳以哲学思想和五行学说为理论依据，内含金、木、水、火、土生克变化之理，同时又将十大形扩展为十二大形，并增加了套路练习之法。

戴氏的"心意六合拳"传至李洛能时，发展成"心意六合拳"派生的新拳种。李洛能自幼习武，曾经商于山西省祁县，拜武术大家戴龙邦为师学心意六合拳，经 8 年苦练，声名鹊起，人送绰号"神拳李洛能"。李洛能结合自己多年的练拳经历，以及在传授心意六合拳理论与技术过程中的诸多体会，不断总结提炼，研究创新，又根据阴阳变化、五行相生相克理论以及十二形技击异变之术，统一整体功用在内为意、在外为形，于生克变化中求协调、求六合而最终达到内与外的结合、思与行的统一，在心意六合拳的基础上创立了形意拳。

形意拳自创立之初就以其风格迥异、特点鲜明、理论体系与习练方法完善而著称。经几代后人的努力与创新，其内容更为丰富，特点更为突出，与太极拳、八卦掌、少林拳并称为中国四大名拳，属内家拳主要拳系。形意拳作为中华武术体系中一个著名拳种，是武林中流传最广、影响最深远的传统武术优秀拳种之一，是中国武术的优秀文化遗产。

宋式形意拳是形意拳中的重要流派，由北京大兴人宋世荣、宋世德兄弟所创。二人年轻时随父宋永禄经商于山西省太谷县，开设"永善兴"钟表局，时逢"神拳"李洛能在太谷从事保镖之业。二人先后拜李洛能为师习练形意拳，共研《易筋经》《洗髓经》二经，深研苦练，领悟拳理，意会其形，琢磨其妙，切磋验证，练就一身的绝艺，并将内功与形意拳完美结合，使形意拳在体用兼备方面达到新的高度。其后，二人又融通太极、八卦诸拳，形成了独树一帜的发劲风格，此种形意拳被武术界称为宋式形意拳。

宋式形意拳经过第一代弟子宋虎臣、宋铁麟、任尔琪、贾蕴高等人的继承、发展和完善，已经成为一整套完整、系统、科学的武学体系。拳术象形思意，取法为拳，表现了许多动物的特长，如虎的勇猛、猴的灵敏等。宋式形意拳的基本理论有《内功四经》《拳术运义》《拳道集录》，古谱则有《十法摘要》《九要论》《六合论》等。

宋式形意拳的传人遍及五湖四海，现已传至第六代，且在日本、俄罗斯、美国、法国、德国等国均有传人。宋式形意拳现任掌门人是宋铁麟之子宋光华。

二、传承脉络

宋式形意拳、程式八卦掌传承谱系（大兴地区）如下：

```
        宋式形意拳              程式八卦掌
          宋世荣                  宋庭华
          宋虎臣                  程有信
          李旭州
                    许繁曾
                    李雨洁
```

德	李京华	周天华	郭云秀	李 岩	王晓光	杨 彪	黄 瑾	高 飞	史乐飞
东	孙 瑜	万地鸿	李永贺	陈迎秋	潘青松	王立杰	李仁良	罗 罡	Aul Holcomb
凤	公庆军	安玉杰	王有红	李广芳	张 毅	刘 洋	魏福伟	闫凤武	李翔远
析	冯 鹏	冯和继	聂 宇	邱雅轩	尹 雯	张翼翀	宋向辉		

宋世荣

宋世荣（1849—1927），宋式形意拳创始人，字约斋，号镱泉，北京大兴人。宋世荣秉性慷慨，急公好义，有古侠士之风，自幼好学，喜读书，对于诸子百家无不涉猎，为人多才多艺。读书之余，常习少林拳和家藏《易筋经》《洗髓经》二经。年稍长，弃儒就商，17岁拜李洛能为师，经10年寒暑，艺业大成。

宋世荣 24 岁时，结识了燕都刘晓棠。刘晓棠曾供职于沈阳故宫工部库，库中藏有武学秘籍《内功四经》。此《内功四经》包括《内功经》《纳卦经》《神运经》《地龙经》。刘晓棠将《内功四经》赠送给宋世荣。宋世荣得到《内功四经》之后，反复精研习试，并结合家藏《易筋经》《洗髓经》二经，于内功方面专心研究。后又融会贯通太极、八卦诸拳，独创出了内功精深、发劲独特、别具风格的宋式形意拳。据说宋世荣的武功已达出神入化、盘根冲空之境。其高足贾蕴高称："宋世荣先生体貌魁伟，须似戟；目光似闪电，精光四射，声若洪钟；身如介鹤寒松，仙风道骨；精灵抖擞，气凛寒霜，使人望后立起肃然有敬畏之意。"

武术名家孙禄堂对宋世荣的武功极为推崇，他在所著《拳意述真》一书中，对宋世荣超绝的武功做了令人神往的描述。他说宋世荣的"五行拳及十二形拳，无不各尽其妙，练习十二形中蛇形之时，能尽蛇之性能，回身向左转时，右手能摄往右足跟，及向右转时，左手能摄住左足跟。回身停式，身形宛如蛇盘一团。开步走趟，身形委曲弯转，又如蛇之拨草蜿蜒而行也。练燕形之时，身子挨着地，能在板凳下边一掠而过，出去一丈余远，此式之名，即叫燕子抄水。又练狸猫上树，此系拳中一着之名目，身子往上一跃，手足平贴于墙，能粘一二分钟。"

宋世荣授徒非常严格，徒弟虽少，然 10 余名弟子，个个出色。其最著名的弟子，当首推宋虎臣、宋铁麟、任尔琪、贾蕴高四人。此四人号称"宋门四大金刚",乃宋式形意拳承前启后的关键人物,对宋式形意拳的最终定型起了重要作用。

宋世德

宋世德(1857—1921),字辅仁,别号云鹤,是宋世荣的胞弟,兄弟俩人称"二宋"。

宋世德自幼随父宋永禄经商于太谷,学修钟表手艺,后与其兄宋世荣先后拜"神拳"李洛能为师,共同学练形意拳。成年后,宋世德性格孤僻,少言寡语,爱好清静,在武术上很下功夫,练功时不让外人观看,技艺逐渐达到了炉火纯青的高超境界。其在40余岁时,只身一人云游四方,挟技遍走天下,东至高丽,西至俄罗斯,所到之处,豪杰景从。曾于深山之中修道,7日不食,不知饥馁。晚年定居于山西太谷普慈寺内修禅,后涅槃于此。

宋虎臣

宋虎臣（1881—1947），名国英，字虎臣，别号小侠，宋世荣长子，宋式意形拳第一代传人。自幼聪明过人，嗜爱学习。于攻读之外，随父习武，精形意拳术，并得内功真传。其身材匀称，臂力过人，技击纯熟，拳式小而劲长，又融会太极、八卦、长拳之精粹及各种长短器械。在数十年的实践中，创编了形意实战对操六捶、十面埋伏、战斗枪、战斗剑、八步刺枪等，不搞花架，其技法皆以实战应用为旨。其所习之各种拳术套路及器械，虽种类繁多，却博而精、纯而妙，别具一格。所练大枪，在上、中、下三部各招各式中的劈、扎、崩、剁、磕、锁、拿、挑、搓、拨等动作中，都能体现出灵活敏捷的特点，长枪能短用，所向无敌。

宋虎臣矢志于武术，终身不娶，曾出任晋军王嗣昌部执法督战总队长兼武术教练。1930年，在山西榆次北关树林街开设修理钟表铺，同时继承父志，广收门徒，为宋式形意拳的传承和发展做出了突出贡献。世称宋世荣、宋世德为"大二宋"，宋虎臣、宋铁麟为"小二宋"。

宋铁麟

宋铁麟（1885—1978），名国祥，字铁麟，宋世荣侄，宋世德次子。自幼得伯父、父亲亲传授艺，苦练深悟，14岁已通晓形意诸法，尤精通散打。因生长于武术世家，宋铁麟广识名家高手，吸取众长，加之内功真传，武技登峰造极，远近闻名。

1935年，宋铁麟首任太谷县国术馆长，并亲授形意拳十二形，创编拳法及套路多种，后又任太谷城关六所小学武术教员。抗日战争时期，宋铁麟为保护乡邻，疏散百姓，使太谷钱财不落入敌手，出任保卫团团长，率人昼夜巡城，疏散民众，转移财产，直到县城陷落，才独自离开。日寇入城后，得知其在"坚壁清野"中起了重大作用，遂在汉奸的指引下，直扑宋家大院，掘地三尺，将宋家收藏的数代珍宝洗劫一空。日寇占领太谷后，欲对宋铁麟委以官职。但宋铁麟断然拒绝，隐避乡间。新中国成立后，宋铁麟曾任太谷县武术协会主席、政协委员、人大代表等。

李旭州

李旭州, 名柏林, 字旭州, 原籍河北省保定市, 后迁居山西省太谷县, 家中经营古玩玉器, 宋式形意拳第二代传人。早年在北平燕京大学法律系攻读, 毕业后留学日本深造, 实习期间做过律师。后日军侵华, 李旭州愤然回国, 加入东北军准备抗日, 其间曾搭救一名地下党, 两人一起逃亡。回到山西后, 李旭州加入晋军, 担任武术教官, 后又离开山西, 辗转至天津市, 直至病故。

李旭州酷爱技击之术, 师从宋虎臣练习形意拳, 并得师爷宋世荣亲传功夫心法, 深得宋式形意拳三昧, 尤其对宋世荣的内功力、长短刚柔化五种劲力的理解和运用有独特造诣。他对五行拳、十二形连环拳、八大桩法、盘根、飞九宫等诸法深究细研, 对听手、分手功夫有独到领会, 更深获宋式切金断玉之劲力、玉树挂宝衣之内功精髓。其混元收发的惊炸神速堪称一绝, 可谓比较全面系统地掌握了宋世荣、宋虎臣所传形意拳的劲力训练与运用功法。

李旭州的劲法以形意拳原始的践、钻、裹三拳为核心。践拳,外刚内柔有劲力，虚中含待发之力；钻拳，外柔内刚有弹簧力，实中乃被动反击之力；裹拳，刚柔相济有惊抖力，化中乃有自攻之力。三拳合一，三劲相容，乃呈现自身无处无滚珠、无处无弹簧、无处无螺旋、无处无旋涡、无处无利剑，使被击者拔地而起、落地而仆的效果。李旭州的拳法讲究柔去惊抖，刚柔缠绕，缩骨而出，放手即落，劲欲透骨，骨髓发力，注重实用，交手无定式。其所言七处打法为头撞、手打、身催、步过、足踏、神逼、气袭，有拳出如流星、变手如闪电、势如虎奔、气如龙飞、神外找神、神外有四平诸诀，在养气、练气、用气等内家功法、心法上均有独特的造诣，为当时津门武林人士敬慕。

在传授诸弟子功夫时，李旭州根据每个人身体高矮胖瘦的不同，分别传授闪、展、腾、挪、蹿、跳、飞、跃、抓、打、擒、拿等技，有高排、低压、翻崩、滚轧、穿跳、搂抱、勾挂、撑踢诸法，因此其弟子各有所长。李旭州在授艺时要求极严，常告诫弟子们四句话：人心惟危，道心惟微，惟精惟一，允执阙中。

宋光华

宋光华，1932年生于山西省太谷县，祖籍北京，宋式形意拳第二代传人。宋光华出身武术世家，是宋世荣侄孙、宋世德嫡孙、宋铁麟长子，宋式形意拳邦字辈嫡系传人。宋光华幼承庭训，随父系统习练家传形意拳，兼习八卦掌、太极拳，刻苦研习，全面系统地继承了宋式形意拳的功法、拳法、兵器、内功和拳理，成为当代宋式形意拳领军人物。

宋光华为山西省武术协会常委，被全国多个省市的形意拳协会和研究会聘为顾问，弟子遍及国内各地及美国、法国等国。2017年12月28日，宋光华入选第五批国家级非物质文化遗产项目代表性传承人推荐名单。

20世纪90年代后，宋光华在武术类杂志上发表多篇文章，编著有《宋式形意拳》《宋式形意拳续编（上下）》，比较全面系统地将宋式形意拳的由来、发展、功理、功法和拳械套路展示给了世人。这两部书也成为畅销海内外且颇具影响力的武术力作。

许繁曾与其手迹

　　许繁曾（1921—2004），满族，爱新觉罗氏，北京人，生于武术世家。自幼好武，6 岁开始从叔父许禹生（刘得宽、杨健侯之弟子）学习武术基本功、六合拳、岳式散手、八卦掌、太极拳。12 岁时，许繁曾在长春大同公园从八卦掌名家程有功先生学习八卦掌。20 世纪 30 年代，许繁曾赴津拜访通背拳名家张哲先生不遇，却巧逢程有信（程式八卦掌创始人程庭华之次子）老师，一见投缘而从程师学习 7 年。当时，许繁曾因贫困无力拜师，于新中国成立后才组织正式拜师仪式。40 年代，许繁曾又随形意拳大家李旭州系统学习宋式形意拳数载，成为宋式形意拳第三代传人，颇得心授。

　　许繁曾敬师如父，刻苦练功、执着追求、不断进取，使八卦掌、形意拳技艺得以原汁原味地传承下来。20 世纪 40 年代，其曾在北平国术馆任教；60 年代初，在北京月坛公园设场授徒，传播程式八卦掌和宋式形意拳两门内家绝技。其多次在北京市及全国性武术比赛中获奖。

　　许繁曾虽为人和善，处事低调，不善张扬，但对于传播八卦掌、形意拳却异常活跃，不辞劳苦，为传统武术的传承发展做出了极大的贡献。其积极支持、参与为董海川先师迁墓活动，在发起人名单上签字并捐款，积极支持门人参加北京市武术协会的各项活动。许繁曾于1982年发起、组织北京市形意拳研究会，任筹备组长，为继承、发扬、研究、推广形意拳做了大量工作。他曾连续担任北京形意拳研究会第一届至第五届（1983年至1999年）副会长，还曾担任北京西城武术协会副主席，市武术协会武术理论文史研究会副会长、八卦掌研究会顾问，北京邮电大学、中央广播电视部武术顾问，并在西城武术馆、市无轨电车一厂、北方交通大学、华侨补校等多地执教，被评为全国优秀武术辅导员，学员遍布全国各地和全球多个国家和地区。

许繁曾长期从事武术理论研究工作，著有《八卦掌》《浅谈形意拳的练法》《形意拳在攻防技击上的特点及其发劲原理》等书文及《八卦掌》《形意拳》录像带，同时整理创建了龙形八卦掌、十二形集精、十二形刀、八卦滚身刀、八卦云龙剑等，为推动中华武术的传承与发展做出了贡献。

李雨洁

李雨洁，曾用名李彦华，河北邯郸人，现居北京大兴，中国武术六段，宋式形意拳、程式八卦掌第四代传人，国家一级武术裁判员，北京市大兴区非物质文化遗产（宋式形意拳）传承人，曾任北京市武协形意拳研究会第九届、第十届常务副会长，北京市大兴区武术协会副主席兼秘书长、大兴区武术协会形意拳分会会长，北京功夫雨洁武术文化传播有限公司董事长。

李雨洁自幼习武，1987 年，师从中国武术八段许繁曾，10 年不辍，系统学习宋式形意拳、程式八卦掌，奠定了坚实的武学基础，且多次受到宋光华前辈以及田进忠、王儒贵等多位老师的指导。后因许师年高，1996 年至 2000 年，得张增记先生代师传授本门技艺，在形意拳方面有了更深的理解。

李雨洁与许繁曾合影

　　自 2000 年始，李雨洁在北京大兴开展武术教育，深入社区、学校、街道、公园等地开展武术传承工作，20 余年来身体力行，勤耕不辍，提出"禅拳合一、习武修德"的发展理念，致力于武学的传承与发扬，收纳弟子数十名，受众学员上千人，培养了众多优秀的武术运动员，在国内外武术大赛中成绩斐然。

三、拳法特点

动作特点

　　简洁朴实，宋式形意拳动作大多直来直往，一屈一伸，节奏鲜明，朴实无华，富于自然之美。

　　动作严密，紧凑出手如钢锉，落手如钩竿。两肘不离肋，两手不离心。发拳时，拧裹钻翻，与身法、步法紧密相合，周身上下好像拧绳一样，毫不松懈。

　　沉着稳健，身正步稳，迈步如行犁，落脚如生根，要求宽胸实腹，气沉丹田，刚而不僵，柔而不软，劲力舒展沉实。

快速完整，要求"六合"，即心与意合、意与气合、气与力合、肩与胯合、肘与膝合、手与足合，动作强调上法上身、手脚齐到、一发即至、一寸为先。拳谚有"起如风，落如箭，打倒还嫌慢"之说。

形意拳讲究"三节八要"。"三节"是梢节起、中节随、根节催。从全身讲，头与上肢为梢节，躯干为中节，下肢为根节。上肢以手为梢节，肘为中节，肩为根节。下肢则以胯为梢节，膝为中节，足为根节。做到三节，就能保证周身完整一体，内外合一。"八要"是顶、扣、圆、敏、抱、垂、屈、挺，做好"八要"，就可保证身体各部姿势正确舒展。

顶：头要上顶，掌要前顶，舌尖上顶。

扣：肩要扣，手背足背要扣，牙齿要扣。

圆：胸要圆，背要圆，虎口要圆。

敏：心要敏，眼要敏，手要敏。

抱：丹田抱，心意抱，两肋抱。

垂：肩下垂，肘下垂，气下垂。

屈：臂要屈，腿要屈，腕要屈。

挺：颈要挺，脊要挺，膝要挺。

技击理论

宋式形意拳包含着丰富的技击理论和技术、战术内容，强调敢打必胜、勇往直前的战斗意识。拳谚说："遇敌有主，临危不惧。"在战术思想上，主张快速突然，以我为主，交手时先发制人，乘其无备而攻之，出其不意而击之，"有意莫带形，带形必不赢"。在攻防技术上，提倡近打快攻，抢占有利位置，"进即闪，闪即进，不必远求"。同时，主张头、肩、肘、手、胯、膝、脚七法并用，处处可发，远了便上手，近了便加肘；远了用脚踢，近了便加膝，并且要求虚实结合，知己知人，相机而行，不可拘使成法，做到"拳无拳，意无意，无意之中是真意"，方算上乘功人。

形意拳的技击理论有六项原则，即工（巧妙）、顺（自然）、勇（果断）、疾（快速、突然）、狠（不容情）、真（使敌难于逃脱），称为"六方之妙"。这六项原则对培养攻防意识、训练技击技术具有指导作用。

力量训练

宋式形意拳注重力量的训练。第一步是"筑其基，壮其体，使骨体坚如铁石"，这称为"明劲功夫"。第二步要练暗劲和化劲功夫，要求周身完整，刚柔相济，精神贯注，形神合一，以意导体，以气发力。可见，宋式形意拳对人体的各项功能都有训练，动作中正不欹，打法可刚可柔，不同体质的人都可从事习练，医疗体育方面也已借鉴采用。

拳法内容

三体式桩功：此功法有阴阳两式、任督二脉、上中下三盘、单双重等多种桩功间架练法，是求得六合浑圆整劲的最基本的功法，也是宋式形意拳最基本的功法。

内功盘根：此为宋式形意拳基本功法，也是宋式形意拳的秘传内功法，宋世荣独创，又名盘根冲空，是指练至功夫精深时，身体可以腾空。其理本于《内功四经》，锻炼原则为：扑采提按劲不散，软硬相济成刚柔，云抱捧挎缓缓做，中定动静慢慢求。以此疏通十二正经，并且锻炼奇经八脉，以达气贯三才，天人合一。经常练习内功盘根可使周身筋膜腾起，劲入骨髓，尤其是大腿两侧到脚趾的筋膜腾起，此功上身后，与人交手，常常是步到人即翻。

内功盘根与三体式桩功相辅相成，古谱称：练桩功以固其本，练盘根能动转自如。

五行拳：本拳有内外五行拳两套练法，还有多种变化练法，包括横、竖、直、斜、螺旋、滚斗的劲路练习，是宋式形意拳最基本的拳法。

钻拳

崩拳

炮拳

　　十二形拳：在五行拳的基础上延伸了十二形的练习，在身法、抻拔、闪展腾挪、拧裹等方面有了更多要求，并将七拳十四处的打、练、养法融入其中，也是宋式形意拳亦用亦练亦养的重要功法。

虎形

马形

蛇形

龙形

七拳十四处打法

历代形意拳名家都十分重视七拳十四处打法。为了便于记忆与传授，先辈们专门编创了七拳十四处打法歌诀，如下：

头打落意随脚走，起而未起站中央；

脚踏中门抢他位，就是神仙也难防。

肩打一阴反一阳，两手只在洞里藏；

左右全凭盖势取，束长二字一命亡。

肘打去意占胸膛，出手好似虎扑羊；

或在袖胯一旁走，后手只在肋下藏。

拳打三节不见影，如见形影不为能；

左拳出罢右拳至，单手击毕双手来。

胯打中节并交连，阴阳相合必自然；

外胯好似鱼打挺，内胯抢步复势难。

臀尾起落不见形，猛虎坐窝在洞中；

背尾全凭精灵气，起落二字自分明。

膝打几处人不明，好似猛虎出铁笼；

和身展转不停势，左右分拨任意行。

走打踩意不落空，消息全凭后脚蹬；

与人交手无虚备，去意如同卷地风。

脚打七分手打三，全仗两掌布机关；

发中要绝随意用，五行四梢要俱全。

第九节 五行通臂拳

一、历史沿革概况

五行通臂拳是清末民初由河北省香河县马神庙村人张策所创。张策字秀林，出身于武术世家，自幼习武，曾拜金陵（今南京）笑和尚为师，学习五猴通臂拳，后到京城拜杨健侯为师，学习杨式太极拳，又跟结拜义兄王占春互学通臂拳，历时9年。而后又巧遇王占春师傅韩屏山（韩道长），并经其传授技艺。张策师承众家，融太极于通臂拳，造诣精深，其通臂拳出神入化，深不可测，在武术界有"臂圣"之美誉，后创建"五行通臂拳"广收门徒，传播技艺于华夏，德高望重，是当时武林的一代宗师。

1924年，张策被张作霖聘请为保镖。1928年，任北平国术馆馆长，后又兼任南京国术馆武术总裁判长。其通臂拳手法有：摔、拍、穿、劈、钻，劲法有：冷、弹、脆、快、硬、粘、连、绵、缠、随。练意不练形，身如风摆荷叶，脚似蹬踩稀泥，动作沉实有力，凶猛刚劲，放长击远。

张策亲传弟子有：韩占鳌、周景海、周学伊、张殿华、李祥云、刘树义、鲁书轩、李兰亭、刘燕伯、强云门、张学思、张学铭、吴图南、李万春、马熙春、董秀生、符懋堃、张以谦。

大兴地区流传的五行通臂拳一支为符懋堃所传。

二、传承脉络

符懋堃，字亚轩，河北省三河县大唐回村人。自幼投于通臂大师张策名下，习练通臂拳，深得其真传，并倾毕生精力潜心研究、习练。符懋堃曾任廊坊地区武术协会副主席，北京市通臂拳研究会顾问。1982 年，符懋堃以 83 岁高龄出席西安武术观摩大会，并应邀表演通臂拳的散手掌。记者赞颂八旬老人是："移步落脚，咚咚作响。抡臂劈砸，虎虎生风。形似猿猴，步赛虎行。引手捋带，如猿猴探臂。抽臂拍穿，似无节皮鞭。足蹬稀泥，像松泛无力。撤步劈闪，如利斧劈山。"

晚年，符懋堃为了将自己潜心研究的五行通臂拳传承下去，移居京西长辛店，同麾下的亲传弟子孙金生、许林、郑企平、马启华、范小峰、李金泰、刘秩燕生活在一起，言传身教，使五行通臂拳日趋完善。符老因年事已高，便闭关不再收徒，把教授五行通臂拳的重任交给了爱徒马启华，令其代师传艺，传承弘扬五行通臂拳。

马启华

马启华，北京市大兴区武术协会常务理事，北京市通臂拳研究会常务理事，北京西城区非物质文化遗产五行通臂拳代表性传承人，大兴区通臂拳研究会会长。自幼习武，拜在张策大师的得意弟子符懋堃门下，修习五行通臂拳几十年，为五行通臂拳的第三代传人。他多次带领众师兄弟及弟子参加各级比赛，并取得优异成绩。

三、拳法特点

质朴无华，用于实战，刚柔相济，浑厚自然，大劈大挂，抽鞭击远，劲力充实，潇洒舒展，速度敏捷，凶猛彪悍。

伸臂动作要力由背发，通过肩、肘，以达到指尖，所以要求背、肩、肘协调，用力伸展，并非单纯地伸臂。其实，这种要求在其他拳术（如劈挂拳、八极拳、形意拳等）也同样被强调，不过在五行通臂拳更加突出。五行通臂拳的另一特点是能以较高的姿势迅速而巧妙地出击，在练攻防技术前要练很多柔软功。五行通臂拳拳或掌的手形较丰富，主要有单晃掌、撩阴掌、双盖掌、引手掌、拍掌、踏掌、透骨拳、平拳、尖拳、斩首等。

五行通臂拳的劲力，以"缩、小、软、绵、巧，冷、弹、脆、快、硬"10字为主。其套路有小连环、大连环、拆拳、五马奔槽、六路总手以及十二连环拳。手法有摔、拍、穿、劈、钻。步法有行步、散步、连环步。腿法以暗发为主，重七寸低腿。身形要求做到头顶、项领、前空、后实、虚胸、凹肚、探肩、臂长、活腕。拳势则要求做到身似弓、手似箭、腰似螺丝、脚似钻。

五行通臂拳的器械内容，以及所传的棍、单刀、双刀、枪、剑等均冠以"白猿"二字。24式通臂拳、两翼通臂则以子龙大枪、青萍剑、苗刀传世，并兼有疯魔棍、劈挂单刀，劈挂双刀。中华人民共和国成立后，五行通背拳被列为全国武术表演和比赛项目。五行通臂拳侧重实用，不讲究套路而讲求招法。入学先练基本功，如五行拳（摔、拍、穿、劈、钻）、散手，再习练单操势子，有"十二连捶""十二野马奔槽""十把擒拿"等。单操势子有套路性质，只是短小精悍的招法。因该拳讲"见招打势"，故没器械的固定套路，习练时按拳术使用器械，常用器械只有刀、枪、棍，若表演则现组织套路。

第十节 人祖门少林派

一、历史沿革概况

北京市大兴区人祖门少林派主要在青云店镇、安定镇、魏善庄镇等地方被保护传承，距今有 100 余年的历史，人祖门敬奉上古三皇之一的人文初祖轩辕黄帝（即人皇氏）为祖，故又称"人宗门"。

人祖门少林派由清代张嘉祥（1820—1860）传入大兴，曾有多个分支传承，门派提倡爱国、自强、崇德、尚武的精神，讲究正义、公平、公道，"择其善者而从之，择其恶者而攻之"。其汲取天人合一的思想，"武以德立、武以德先"，深得中国传统文化精粹。人祖门少林派在村落中的民俗活动历史久远，武术内容也是代代相承，文化积淀深厚。1986 年，青云店镇东回城村张玉国正式成为人祖门少林派第二十代传人。

二、传承脉络

人祖门少林派第十七代传人张嘉祥生于 1823 年。张嘉祥祖籍广东省肇庆市。因少年丧父，15 岁时便随叔父到广西贵县做工。其间因地主土豪欺辱他的同伴，张嘉祥出手将其打死，从此被官府通缉，遂跑至河北省衡水市武邑县王思公村。

王思公村有一个财主姓王名廷侯，人称王三爷，张嘉祥给王三爷家扛活，后来听闻王三爷会武功，且人送外号"圣手侯"，便请求王三爷传授其武功，且以扛活不收工钱为条件。王三爷看张嘉祥是个练武的坯子，就答应了他的请求，收其为徒。"圣手侯"王三爷总共收徒三人，张嘉祥是他的三徒弟，王三爷也对张嘉祥这位小徒弟喜爱有加。

在与王三爷习练武功多年后，张嘉祥因思乡心切，便回了广东。在此期间，太平天国运动的领导者洪秀全开始选拔武术总教练，张嘉祥也参与了选拔。张嘉祥不知道的是，他的大师兄其实也带着自己的四名弟子参加了此次选拔。由于张嘉祥在学徒期间只听闻师傅讲过他还有两个师兄，但未曾相见，比武时，张嘉祥的大师兄看出了他是自己的师弟。因为本门有下场子的规矩，大师兄便与张嘉祥对上了本门的内语，随后决定把总教练一职让与师弟，同时命令自己四个弟子跟随张嘉祥转战南北。张嘉祥在太平天国时一直在忠王李秀成和英王陈玉成的军中做总教练，训练太平军，并收有多名弟子。

张嘉祥后观太平天国内乱，难成大事，于是在道光末年，接受了广东巡抚劳崇光招安，并立下卓越战功。由于清政府广西提督向荣非常欣赏张嘉祥，便将其引荐给了当时的皇帝咸丰，咸丰皇帝钦命张嘉祥改名为国梁，字殿臣。

1851年，清咸丰元年，张国梁随提督向荣自广西尾追太平军直至江苏，以作战勇猛受向荣倚重。1853年，清军建江南大营于南京孝陵卫一带，张国梁为大营主要战将，常与太平军作战，屡立战功，1855年升为总兵。后因丹阳一战坠尹公桥下消失，败讯传至清廷，咸丰皇帝甚为沮丧，多次询问张国梁的下落，幻想张国梁大难不死。因找不到尸体，暂时不敢发丧。两个月后正式宣布其战死，优加追恤，对他追赠太子太保、三等轻车都尉、一等男爵，其子张荫清得袭男爵。后来又加赠，追谥"忠武"，并敕令高要县建专祠祭祀。

其实，张国梁落水后并没有死。他历经辗转回到河北武邑接上家人远走，从此隐姓埋名，改名叫张洛忠。全家挑着挑子装作逃荒，来到了大兴县安定镇善台子村外，他看有一地窖子，能够遮风，就此住下，此后结识了青云店镇殷国宝。

殷德魁

青云店镇殷国宝生有三子，其中殷德魁、殷德生兄弟俩拜张洛忠为师，成为人祖门少林派第十八代入室弟子，尽得张洛忠真传。历经 8 年学艺，殷德魁的武功已入化境，得精髓传衣钵，就开始在家收徒传艺。

殷德魁收马家店的马四爷、高五爷为徒，后马四爷得其真传。马四爷共收徒 7 人，其中郭广仁曾在南京打擂，获第二名，扬名于当时武林。

殷德魁学徒 8 年后，在大兴县安定镇周园子村，有个人叫毕金仑，听说张洛忠武功神奇，就把张洛忠一家人从殷家窖子接到了周园子村北，那里有 40 亩窑地，建有三间窑房，毕金仑把张洛忠一家安排在此住下。从此毕金仑正式拜师学艺。后来他和张洛忠的两个儿子张春、张林亲如兄弟，都是人祖门少林派的第十八代传人。今天安定周园子这一支仍在传承。

张洛忠长子张春在大兴长子营白庙村收有二徒，一个叫仁兆海，一个叫仁兆龙。张春去世后，仁兆海把师傅送回大兴魏善庄大刘各庄安葬，因此在大兴魏善庄又形成了一分支。

张洛忠在去世前，才把他的真实姓名、身世、经历等对徒弟说明，并告知本门武功属人祖门少林派。再三嘱咐其身世不能外传。张嘉祥去世后葬在了大刘各庄。其子张林的武功在同辈里是最高的，为这一代的掌门人，收有徒弟 30 多人。他曾经在北京德盛镖局做保镖。张林去世后，由青云店镇东回城村张汝贤接替掌门之位。张林所传遍布魏善庄镇、安定镇、青云店镇一带，至今尚有传承人。

毕金仑

毕金仑所传一支多人从学，主要传承人是毕金仑的关门弟子，名为张棣英。

张棣英生于 1911 年，仙逝于 1992 年。自 1981 年始，青云店镇东回城村的张玉国持续找了张棣英 3 年，都未能拜师。后经张玉国坚持不懈，终于在 1986 年的农历二月十五，正式成为人祖门少林派第二十代传人。

张玉国

张玉国，字宗，名艺，号善德，生于 1963 年 9 月 4 日，北京市大兴区青云店镇东回城村人。张玉国初中二年级时就报名参加了学校成立的武术班，开始了与武术的不解之缘。1980 年，张玉国向居住在青云店镇大回城村的朋友魏友庆学习了捕俘拳、擒敌拳和擒拿格斗技法。1981 年，张玉国开始随青云店张瑞田学习弹腿、掩手拳、劈挂拳、二郎拳、行者棒和八卦剑等。

在正式拜师前 3 年间，张棣英给张玉国讲解了人祖门少林派的历史传承以及本门五大功法。本门五大功法主要为达摩童子功（包括缩骨功、易筋经、洗髓经）（非 8 岁至 16 岁童体或出家人不可习之）。不在五大功法之内本门传承的内功有：性功拳、铁甲功、先天罗汉功（三皇功）、飞行功、鸟迹（轻功）、指迷（指禅功）。以上乃少林不传之秘，能习得一二者足矣。需要有引荐人和保荐人，方能正式拜师受戒入门，过功开手。在正式拜师后，张棣英把张玉国以前未学全的弹腿补全，把掩手拳和二郎拳加以修改，又教了一趟紧三捶、一趟太祖拳、一趟六合枪、一趟罗汉拳、一趟八卦双刀、两趟地躺单刀，以及铁甲功、壮功、快功、透甲掌、飞行功和先天罗汉性功（三皇功）、大力金刚功、坐功以及健身治病等拳法功法。

1992 年，张棣英羽化；同年，张玉国开始着手恢复东回城这一分支，并于 1994 年开始先后收了 8 人为人祖门第二十一代入室弟子，并传授人祖门性功拳等功法。

张玉国 2009 年被评为大兴区非物质文化遗产项目道教"北京韵"第二十三代传承人以及大兴区民俗专家。2015 年，任大兴区武术协会常务理事。2018 年，任大兴区武术协会监事；同年，青云店人祖门少林派申报为大兴区级非物质文化遗产。张玉国弟子主要有：姜淑桂（女，由张玉国替师代传）、王学武、陈跃会、王海东、柴建国、侯文学、齐保生、郑永春、刘海全、靳连杰、李红方、张明勋、李献松、张晶晶（女）、孙佳伟、张超、吴迪（女）、张舫、陈阔、孙志轩等。张玉国手中尚有人祖门门谱，记载了从清末至 1966 年人祖门传人共计 60 多个。

三、武术特点

总体特色

性命双修，外练筋骨皮，内练精气神。讲求一练拙力似疯魔，二练随意封与搏，三练寸打寸拿寸出入，四练五行气功到，五练五行筋骨合。练时无人似有人，用时有人似无人，出手软如绵，着身硬似铁。拳打无招无式，见招打招，见式拆式，打拳不带形，带形不为能，无招胜有招。

二郎拳

拳法刚劲有力，动作朴实，结构严谨，攻防严密。招法多变，一招分多招，一手化多手，包括弹、踢、踹、扫、挂、冲、砸等动作，讲求攻取，后发制人，迎力借力，以力制敌。二郎拳法包括长拳和短拳两部，长拳架势较高，动作舒展潇洒，多用明劲；短拳则架势较低，劲力短猛，稳健快脆。与其他拳种相比，二郎拳突出的就是对练，无论拳术还是器械均能对练，有很强的实用性。

十二趟弹腿

人祖门少林派传承的是少林弹腿，共十二路，要求一路一法，快速有力，左右对称，功架完整。传有歌云："手是两扇门，全凭腿打人，弹腿四只手，人鬼见了都发愁。"少林弹腿的技术从弹腿歌诀中可以看出其特点：头路冲扫似扁担，二路十字鬼扯钻，三路劈砸车轮势，四路斜踢撑抹拦，五路狮子双戏水，六路勾劈扭单鞭，七路凤凰双展翅，八路转金凳朝天，九路擒龙夺玉带，十路喜鹊登梅尖，十一路风摆荷叶腿，十二路鸳鸯巧连环……

弹腿是以腿功见长，拳势古朴，功架完整，刚劲有力，节奏明快，意气相合，动作精悍，配合协调，招数多变，攻防迅疾，爆发力强。步型多弓步、马步，手法多拳法、掌法，腿法多弹踢、蹬踹。弹腿技击上下盘同步出击，令对手防不胜防。下盘发招讲究腿三寸不过膝，招式小速度快，攻时无被克之虞。上盘进击以劈砸招数最多，力度大，拳势猛。

太祖拳

太祖拳是中国传统拳术之一。相传为宋太祖赵匡胤所传，故称太祖拳。太祖拳法讲究实战，攻防格斗，起如风，击如电，前手领，后手追，两手互换一气摧。特点为套路严谨，动作舒展，招式鲜明，步法灵活，刚柔相济，虚实并兼，行拳过步，长打短靠，爆发力强。其劲力发挥于撑、拦、斩、卡、撩、崩、塞中，囚身似猫，抖身如虎，行似游龙，动如闪电。

掩手

七星滚手起势，特点为顺直快硬，叶里藏花，指上打下，虚实结合，刚柔并济等。

八卦剑

该剑因其假托八卦诸形（态），且右手操剑（左手操各种器械）演之，而名。八卦剑属六合剑术之一，八卦连环剑前二十四剑，共有八个架子，其术语乃谓之"八大架"。大凡练八卦剑者，均须以静待动，以软牵硬，以慢化快，以柔克刚，以刚取敌。

第十一节 善扑术

一、历史沿革概况

善扑术，即今之中国式摔跤，是在中国特定的社会历史条件下，逐渐演变发展形成的具有独特民族风格的体育运动，是集实战性、健身性、观赏性于一体的武术瑰宝。善扑术经数千年传承，为历代朝野上下所重视。

善扑术也就是摔跤运动，其起源可以追溯到还没有文字记载的远古时期。据传说，黄帝的部落与蚩尤的部落在涿鹿大战，蚩尤部落的人头上戴着角，"以角抵人"，锐不可当，所以摔跤也叫"蚩尤戏"。

周朝初年，据《礼记·月令》记载："孟冬之月……天子乃命将帅讲武，习射、御、角力。"由此可见，射箭、驾车、角力都是当时军队操练的主要科目。其中，"角力"就是摔跤的古之称谓。

春秋战国时代，角抵不但是各国将士准备上阵杀敌的必要训练项目之一，而且还是诸侯贵族们的保镖护卫的必修技能。

秦统一六国后，"罢讲武之礼为角抵戏"，从而使技击性强的角抵从军事技术向艺术表演方向发展。

汉代摔跤活动继续盛行。据《汉书·武帝纪》记载："元封三年春，作角抵戏，三百里皆来观。"随着角抵戏的盛行，一些擅长摔跤的达人显山露水。西汉将领金日磾就是一位摔跤好手，《汉书·霍光金日磾传》记载，有一天，汉武帝尚未起床，江充与莽何罗谋反。莽何罗携带武器闯入寝宫，准备刺杀汉武帝。正在这千钧一发之际，被金日磾察觉，"日磾捽胡投何罗殿下，得擒缚之"。史书注释"胡，颈也，捽其颈而投殿下也。"由此可见，金日磾使用的技术就是今天摔跤比赛中常见的"夹颈摔"。

河南省密县汉墓壁画相扑图

隋统一后，角抵亦称相扑。隋文帝时期，大臣柳彧上书称都邑百姓每至正月十五日，作角抵之戏，递相夸竞。证明角抵运动的普及。

唐朝历经贞观、开元之治，国富民强，常在春秋两季举行相扑比赛。特别是贞观年间，太宗李世民崇尚勇武，且选贤任能，故相扑活动蜚噪一时，宫廷还设立有专职摔跤组织，成员多从御林军中选拔。

五代时期，有调露子《角力记》传世，在这一经典的体育专著中，详细阐明了角抵、角力、手搏、相扑等名字的转变，记载了角力的历史资料，以及历史上的相扑高手，如晋代刘子笃、王弘，五代时唐庄宗李存勖、王都。

宋代的角抵也称为"相扑""争交",宋代吴自牧在《梦粱录》中记载:"角者,相扑之异名也,又谓之'争交'。且朝廷大朝会、圣节、御宴第九盏,例用左右军相扑,非市井之徒,名曰'内等子'。"说明,宫廷中表演相扑的武士应该是从左右军中挑选出来的"虎贲郎将",称为"内等子"。当时的相扑活动形式大致分两类:一类为正式争胜负的比赛(如"打擂"),由官府出面组织,如临安南高峰"露台争跤"即属此类。参加比赛的相扑手,不分重量等级,以巧智、勇力决胜负,注重方法和技巧。比赛有正式的规则,叫"社条","社条"中最重要的原则是保证双方公平地竞争,执行"社条"的裁判叫"部署"。可见,宋代相扑活动已经形成较完备的比赛体系。另一类是平时在瓦舍等市民游艺场所进行的表演,属群众娱乐性活动。甚至出现了女子相扑,在当时堪称京城开封的一绝,是最能吸引看客眼球的一项娱乐表演。

辽、金称摔跤为"跋里速",效仿宋朝礼仪,也将摔跤列为宫廷礼乐项目。

元朝建立后,因为摔跤是蒙古族的传统项目,所以朝廷非常重视。据《元史·本纪》载:"戊申,置勇校署,以角抵者隶之。"设立"勇校署"统一管理"角抵者"——职业摔跤手。元杂剧《刘千病打独角牛》开篇写道:"这孩儿不肯做庄农生活,则待要刺枪弄棒,学拳摔交",里面也记录了摔跤的比赛情况,"三月二个八日,东岳泰安神州,我和独角牛劈排定对,争交赌筹。"

明代摔跤活动虽然不如唐、宋时期兴盛。但在民间、宫廷、军队中仍有相当程度的开展。张岱的《陶庵梦忆》中记载，扬州每逢清明节时，民间有郊游的习俗，郊游时，则开展诸如放鹰、走马、浪子相扑等活动。

清代武英殿擒鳌拜图

清康熙八年（1669 年），帝亲选一众少年习练摔跤，在南书房擒权臣鳌拜，当时这群练习摔跤的少年，组成了日后的善扑营。

善扑营类似于现代的特种部队，在编制上既不隶属由中央所指挥的满、蒙、汉八旗，也不属于地方州郡的绿营兵勇。它是一支独立的、直接听命于皇帝的宫廷内卫部队。主要职责有三：第一，保护皇帝的人身安全（巡幸扈从则备宿卫）；第二，负责皇帝的摔跤、射箭、马术等军事技能的培训演练；第三，担负类似今日的迎外表演任务。因为任务的特殊性，所以决定了善扑营必是一支短小精悍的队伍，上设总统大臣，从都统、前锋统领、护军统领及副都统内筛选提拔。下设有翼长、教习等职。善扑营分左右两翼，即东西两营，东营在今天北京美术馆后街东总布胡同大佛寺，西营在西四北大街小护国寺。入营者称为"扑户""扑虎"或"扑护"，意为善扑侍卫，听从宫中传唤，入宫护驾，分立皇上左右。扑户分三个等级，即头等扑户、二等扑户、三等扑户，另有不入等的候选者，称为"他希密"，俗称"侯等儿"。定员仅 300 人。

因善扑营的建制，扑户们 200 年间专心研究摔跤技术。满族布库（扑户）的相扑术主要以脚法为主，兼带擒拿之技，具有独特的满式风格技巧，注重脚的勾、掠、绊、撇的使用，一旦负者倒地，不得再攻。汉族的相扑常用手臂搏斗，亦用腰功制敌。蒙古族的角力重力取。扑户们充分吸取满族布库、汉族相扑、蒙古族角力等技能后，发展出以臂、脚、腰三功结合，技巧与力量相统一的"善扑术"。同时作为跤技高手的扑户们经层层选拔，与宫廷大内高手、武术精英珠联璧合，进一步挖掘、研究、整理、演练、锤炼，使善扑术这一技艺达到炉火纯青之境。

清末善扑营扑户影像

善扑术在技术层面，形成了"欺拿相横、踢抽盘跪过，揪折闪拧控、蹦拱排滑套、扒拿里倒勾"等特色技术动作。在训练层面，使用石锁、大棒子、小棒子、天秤、地秤、皮条等特色训练手段，形成了鲜明的项目特色和文化内涵。

辛亥革命后，善扑营解散，善扑术这一技艺也随之从宫廷流传至民间，并由李谢臣、熊万泰、熊德山、赵文仲、王英华、张印红、薛波、王同庆等人代代传承与发展在大兴这片沃土之上。

二、传承脉络

善扑术传承谱系（大兴地区）如下

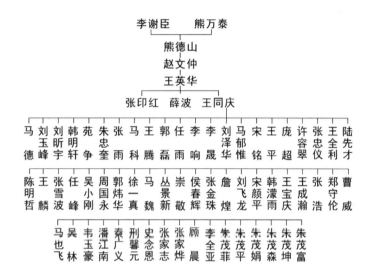

熊德山

熊德山（1906—1991），出生在北京西四牌楼灌肠胡同。熊德山的父亲是善扑营西营二等扑户熊万泰，善扑营解散后自谋生计，在北京西四牌楼西安市场开跤场卖艺。熊德山12岁起和父亲学习善扑营的技术并跟随父亲一起在跤场摔跤卖艺。

1934年，熊德山参加了在南京举办的全国摔跤比赛，在中量级中技压群雄，独占鳌头，载入中国武坛史册。后来又多次获得东南三省冠军。

熊德山在南京比赛取得第一名后，回北京对善扑技术进行了理论层面的总结，编出一系列的技法口诀，比如跳进一崴的功夫："前腿弓、后腿绷、长腰、甩脸、脚后蹬。"13个字把这功夫总结得恰到好处，关键是这个"蹬"。熊德山功夫深厚，每天早晨练别子、横腿，脚尖擦着地皮走一里多地，他的蹦步别子为何如此之快之好，能摔人，原因就在于此。

熊德山在教育下一代跤手方面能识才育才，从不保守，培养出赵文仲、王选杰、贾肇宝等一批优秀弟子。

赵文仲

赵文仲，生于 1916 年，原籍北京东直门外东坝河地区小南河。因其在兄弟中排行第四，另外武艺在身，经常随身携带七节鞭，所以世皆称其"七节鞭赵四皇上"。赵文仲的祖辈为善扑营扑户，父辈赵恒、赵兰皆是摔跤高手。幼年生活在京郊东直门外农村，家中长期设场练跤，每天吸引大批跤手。赵家的跤场有一特点，清茶恭候，以武会友，东城一带称其为"花园赵家"。赵文仲自幼随父辈练跤习武，因其身材高大，各方面素质都很好。后来为了进一步提高自己的摔跤水平，赵文仲拜熊德山为师学习善扑术。

20 世纪 30 年代东北军进关后，时任东北边防军副总司令的万福麟住北平城时，聘请赵文仲为护院保镖。

王英华

　　王英华（1942—2003），自幼生活在高手如林的北京牛街，他与王德英、钱德仁都是摔跤健将，被内行人士称为牛街的"三剑客"。他在赵文仲、王瑞英、钱德仁等名家的指点下，加之自己对摔跤的理解、努力，技艺大进。王英华于1964年入选北京市摔跤队，他善用"反挂门切别"，再配以"掏腿"等技术动作。此后王英华多次参加北京市摔跤比赛。在1965年举行的第二届全运会中国式摔跤比赛中，王英华力克群雄获得最轻量级冠军，并通过了国家体委的运动健将认定。至此，王英华名声大振，常出入各个跤场展示交流。后又调入宣武体校摔跤队担任教练员，培养出一大批优秀的摔跤运动员，其中大兴地区的摔跤武术名家有张印红、薛波和王同庆等。

张印红

张印红，1950年出生在北臧村镇皮各庄村，自十几岁起练武摔跤。皮各庄村自古就有尚武之风，村民们农闲之时都喜欢练武摔跤，张印红早年与张怀五和董志海两位老师习练武艺强身健体，喜欢上摔跤这项运动以后，练功非常刻苦用心。不到一年的时间，他就掌握了相应的摔跤技法。"夹脖入""小得合"，更是他的看家绊子，张印红成了村里习武人中的佼佼者，这时几乎全村无人能摔得过他。

1971年，张印红从北臧村中学毕业到大兴供销社工作，工作之余每天坚持练功。在这段时间他认识了很多摔跤高手，有丰台的谷振兴、黄宜昌，庞各庄梁家务村的周雄、刘振刚等。张印红从皮各庄村走出，进修之后回到村里，便将从外面学到的东西教给兄弟们。这段时间，在皮各庄村和他一起练习摔跤的人有张文英、张文清、张军红、韩秀华、王桂军、林井森、刘兴旺等。大家每天下班后一起互相切磋较量功夫，有了很大的提高。1977年，张印红调到黄村工作，又结识了更多的摔跤高手。

1978年，张印红代表单位参加北京市中国式摔跤比赛，并打进了前六名。基于对这项运动的热爱，张印红训练时非常刻苦，在大兴

地区崭露头角。通过这次比赛，张印红引起了一位高人的注意，他看出张印红是个可塑之才，有心收在自己门下精心培养。这位高人正是前国家运动健将、人称"牛街三剑客"之一的王英华。自从张印红拜在王英华门下，摔跤技术更是突飞猛进。两年后张印红获得了"角力杯"北京中国式摔跤比赛亚军的好成绩，并在此次比赛中与师弟王同庆结识。

王英华在大兴庞各庄薛营，还收了一名回族徒弟薛波。他摔跤技艺超群，手法变化多端，在北京市摔跤比赛中，多次取得好成绩。20世纪80年代初，薛波在大兴也带领一批跤友一起练功并参加比赛，其中周奎海、安文祝、孙小农、董克友、李健等在北京市摔跤比赛中均取得过优异成绩。

王同庆

王同庆，1964 年生于北京，是东城区区级非物质文化遗产项目宫廷善扑术代表性传承人，大兴区武术协会委员，中国民主建国会会员，中国武术六段，国家一级运动员，国家一级武术裁判员，中国跤高级教练员。曾任北京八卦掌研究会副会长，西班牙马塔罗功夫文化学校副校长，马来西亚摔跤协会副主席。曾于 2012—2015 年连续担任北京国际武术邀请赛中国跤总裁判长。

王同庆自幼喜爱武术，腰腿功夫相当好。20 世纪 80 年代初期，王同庆进入北京市宣武区体校，拜在王英华门下研习善扑术。在1986 年河北省摔跤邀请赛中荣登榜首，夺得中国式摔跤次轻量级冠军。1994 年中国式摔跤从国家的正规赛事中被取消了，但王同庆持之以恒，从未放弃。20 世纪 90 年代初，经恩师王英华同意，他又拜一代摔跤大师王文永为义父，进一步精研善扑术。在 1996 年沈阳"圣人岛杯"摔跤锦标赛中，王同庆获得全国第二名。

后来为提高跤技，他又拜北京樊派八卦掌名家文大生为师，系统练习八卦掌，并将八卦掌的功法糅进了中国跤，实战步法也更加灵活多变，无论上步、背步、垫步、跟步、盖步、跳背步，都能快速、灵活、准确。脚落地如同树栽根，沉稳有力，使武术中的绷、云、捌、捋，用于将对手的胳膊搪开或拿住，可捌可捋拒敌于身外。又可上步施技拧、裹、钻、翻，战而胜之。腰似蛇形腿似钻，眼似流星手似电，闪展腾挪进退有方，令对手眼花缭乱，旋转跌仆。此后王同庆又多次在海内外比赛中获得冠军。

为了更加系统全面地掌握武术实战中拳、腿、肘、膝的攻防技术，王同庆拜师武术散打项目重要创始人梅惠志学习散打搏击技术，使自己的捧法在各种复杂的场景和规则下都能很好地被运用，对善扑术进行发展创新，使之在比赛竞技、街头防身等诸多领域都能发挥实战作用。

王同庆把自己对善扑术的实战技术和在教学过程中总结的心得著书立说，出版了《中国跤——中国人的竞技艺术》一书。

王同庆近年来还执教于北京凤凰太极公益书院。这所学校的学生均来自贫困家庭。学生们在王同庆的指导下，在各类武术摔跤比赛中荣获多枚金牌。作为非物质文化遗产宫廷善扑术的传承人，王同庆也一直不遗余力地向祖国大地乃至海外推广宫廷善扑术。

为了继承师傅的遗志，2004年，张印红与王同庆师兄弟，在大兴皮各庄成立了会友摔跤俱乐部。他们为俱乐部置办了设施、训练器材等，免费提供给喜欢中国式摔跤的朋友学习交流。几年下来，学员已有数百人，多人在全国以及北京市比赛中取得好成绩。每年正月十五，皮各庄村都会举办武术摔跤演出比赛。他们通过积极宣传中国式摔跤，吸引了大批爱好者、参与者，同时，又培养出一大批优秀的体育摔跤人才，其中有康文清、王立民、王烁、张伟、张浩、张洋、张赫、孙浩、刘东等，他们在老师的指导下均取得了优异成绩，有的学生走上了专业运动员的道路，有的考取了专业体育院校。

大兴的摔跤活动，红红火火。2017年，在大兴区摔跤运动协会的领导下，张印红和王同庆组织了中国式摔跤世界杯北京赛区的预选赛，学生们代表大兴又取得了很好的成绩，为大兴争得了荣誉。

现今张印红又与王同庆在大兴开办摔跤武馆，培养出了很多新生弟子，如刘昕宇、陈道珠，二人代表北京参加第十六届全国运动会，取得了第五名的好成绩，这是当时北京最好的成绩。第六代传人刘昕宇还在大兴区永兴路创办了热血熊猫武道馆，康福锁在大兴区黄村开办了铁拳馆，王麒在朝阳区弘善家园开办了励志搏击俱乐部。张印红与王同庆通过不断的努力，让中国式摔跤在大兴这片沃土上生根开花，大放异彩。

三、武术特点

善扑术功法讲究技击实招、散手，而不追求表演性的花招套路。讲求人体内外阴阳统一，在身体各部位建立敏感的反应及正确的用力习惯，以稳固自身重心，含蕴内劲，一触即发，克敌制胜。

善扑术特别强调功法，仅基本功就有 11 大类，坚决摒弃"练武不练功"的陋习，通过扎实的功法训练，传承者可少受伤或不受伤，减少各方面的传承压力和干扰，并能够让跤绊技术发挥得悠然自如、淋漓尽致。其练习具有手、臂、肩、肘、胸、腿、脚、腰、头、膝、臀等部位的独特训练体系。身体运动功能的和谐共进，手、眼、身法、步法的精巧配合，跤绊技术的连环组合，使其进攻防守自然转换，具有系统性。手脚一气、周身一家，快慢相间、刚柔并济，上下、左右、前后来回运劲，粘手即扑，技击性极强。

第十二节 青云店少林会武术

一、历史沿革概况

大兴青云店少林会，是在青云店本土自发形成的一种花会形式，而少林会武术是在原有的武术习练过程中逐渐发展起来，并形成了自己特有的武术习练与表演方式。青云店少林会武术，形成于清朝末年，源于青云店人刘廷相在京城开设镖局。他在青云店镇开有店铺，需要练武人员保护，就在青云店镇教授武术，这样就初步团聚了一群人。之后，其弟子顾振芳组织这些习练武术人员进行表演，不仅吸引了更多的人学习武术，也在附近扩大了影响。新中国成立以后，受多方因素限制，青云店少林会武术暂停活动。

后来，第三代传人周文凤结合国家形势，把习练武术与强身健体、保家卫国相结合，使青云店少林会武术得以重新活跃起来，并吸引周边村的年轻人积极加入。青云店少林会武术从此进入发展的正轨。

改革开放以后，随着农村经济政策的改变，很多年轻人难以再聚到一起习练武术。20世纪90年代，第四代弟子中的吴克俭团聚起了习练武术的人员，并将武术带进县农民运动会，开始参加县级比赛，使武术习练在当地产生一定影响，并将一些年轻学员推介到市区的体育学校。

当前，少林会武术在以张志刚为代表的第五代弟子的努力下，还在青云店这片土地上不断绵延传续，继续为丰富当地人民群众的精神生活而奉献力量。

二、传承脉络

青云店少林会武术传承谱系（大兴地区）如下：

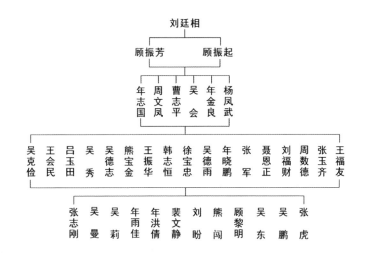

　　刘廷相，青云店镇小谷店人，刘家在青云店周围的影响比较大，财势雄厚，在青云店街里拥有自家的商铺和客栈（德胜客栈），还开有一家药铺，自家研制膏药。刘廷相主要习练少林拳种和摔跤，博采众长，武功精深，并在京城开有一家镖局——德胜镖局，专门从事押镖。有一次，刘廷相在与沧州盐山源顺镖局镖师黄林彪比武的过程中，被黄镖师的劈挂拳打败。两人是不打不相识，刘廷相便请他教授这套拳法，一直到现在劈挂拳还在青云店传习，这种拳法也成了青云店少林会武术的看家拳种。

　　刘廷相是青云店少林会武术的奠基人，为青云店少林会武术打下了坚实基础，成为第一代青云店少林武术洪拳门、六合门、劈挂拳门的开拓者。

顾振芳（1880—1953），青云店镇三村人。他跟刘廷相学习了少林派洪拳门武艺，文武双全。顾振芳继承并发展了青云店少林会武术精华，兼收并蓄、推陈出新，携同众师兄弟和弟子把青云店少林会武术提高到了一个崭新的阶段，使青云店少林会武术展示更加规范化、系统化，武吵子人员的器乐、曲牌更加专业化。

1910 年，顾振芳带弟子门徒到安定西芦各庄出会，引进了西芦各庄的吵子会，加入了乐器，如鼓、镲、钹、唢呐等，增加了吵子会的观赏性。他们以花会表演的形式主要活动在青云店及其周边地区，多次参加农历七月二十三采育庙会，三月三、六月六的良善坡庙会，以及马驹桥的庙会。

1978 年 11 月，周文凤（前排中）带队参加北京市传统武术比赛

　　周文凤（1902—1997），青云店镇人，他继承了青云店少林会武术的全部武术精华，人品纯厚、武德高尚。周文凤是个头脑灵活、思维清晰的习武之人。在 20 世纪六七十年代，他把习练武术与强身健体、保家卫国相联系，开始教徒练习，以这样的形式坚持下来得到社会的认可，才可以公开练习。加之那时几乎没有业余文化生活，所以在青云店镇及其周边村镇有数百人跟他学习武术。因此，在青云店武术传承上除刘廷相、顾振芳二位大师外，周文凤起到了继往开来、承上启下的重要作用，给青云店少林会武术留下了浓墨重彩的一笔。在周文凤同时期也涌现出了很多同门大师，如年志国、曹志平、杨凤武、年金良等，他们都为青云店少林会武术的传承发展做出了积极贡献。

　　1975 年 9 月，在周文凤的带领下青云店少林会武术参加了中华人民共和国第三届全国运动会武术比赛。1978 年 11 月，在周文凤的带领下聂恩正、张军、张凤来、李春喜四人代表大兴县参加了北京市传统武术比赛，均取得了优异成绩。他们的活动也产生了一定的影响，当时县乡政府搞一些庆典活动，常常邀请青云店少林会武术参加。周文凤就带领少林会武术的全体学员出会，演练人员个个精神抖擞、神气十足地上场演练，少林功夫的演练极受观众喜爱。

周文凤在自己家的后院辛勤地传授青云店地区青少年 20 余年的少林武术，远近学练者超过了 600 多人，为青云店少林会武术的传承与发展以及文化发展做出了重要贡献。其中，吴克俭、吴德志、王振华、徐宝忠、吕玉田、张军、聂恩正等均参加过各种比赛，并取得优异成绩。

吴克俭（1946—2008），青云店镇人，自幼跟随周文凤习武，多次参加市、县级武术比赛活动。注重武德，在继承了周文凤的少林会武术后学习了多种拳术，把武术传承继续发扬光大，同时也得到了上级领导的认可和群众的赞许。

20 世纪 90 年代，以大师兄吴克俭为代表的第四代传人接过了青云店少林会武术的武术传承大旗后，开启了青云店少林会武术群众活动的新高潮。许振友、张德祥个人出资捐助共计 2 万元，资助青云店少林会武术发展。其后，年晓鹏、熊宝金、吴秀、吴德志、张军、吕玉田、徐宝忠、周树德、吴德雨、王福友、刘福才、张玉齐、聂恩正等共同参与了教学演练传承。

吴克俭成为青云店少林会武术负责人后，积极向外拓展，于

1994 年 10 月亲自联系大兴县体委，使青云店少林会武术参加了大兴县农民运动会的武术比赛。1995 年大年初六，他带领青云店少林会武术参加大兴县花会表演。

吴克俭有诸多新思路、新方法，为青云店少林会武术的发展做了积极的探索。学习场地，由过去的露天地搬进了大房，使学员的学武环境得到改善；常年有固定职业老师教学，教学规范化、系统化；积极带领学员去学习，并推荐了 10 多名学员去专业体育学校或参加专业队比赛，并取得了好成绩，为青云店孩子们的成长与发展拓展新路。

张志刚 (前排中)

张志刚，青云店镇三村人，当今青云店少林会武术的组织者和主要负责人。张志刚自幼喜爱武术，并跟随吴克俭、吕玉田二位老师习练小洪拳、六合拳、劈挂拳等少林武术。自 1994 年青云店少林武术队成立，他就以极大的热情积极地投入人力、物力、财力支持武术队的基础建设。武术队练习所需场地不好找，他就组织人员为武术队装修演练室，很快就为武术队提供了一个宽敞明亮、100 多平方米的演武堂，使学员们能够在室内完成学武训练活动，并免费提供水、电和各种维修费等。1995年后每年春节，出会、交通、组织费用都是由他自己掏钱，为武术队人员解决后勤保障问题。

张志刚自2007年接任三村党支部书记一职以后，更是给武术队带来了一个崭新的面貌。在武术队遇到人员、物质等诸多困难时，他积极接下了这个濒临停顿的民间花会活动，并主持了武术队的组织工作，推进了花会的综合发展。张志刚自己掏钱组织教练、学员参加武术专业培训、专业比赛等，如自1995年后的市级、区级的多届武术比赛，均取得了优异成绩。他还积极参加区、镇两级政府组织的历次民间会演活动。在保证村里百姓的日常生活、做好村支部书记本职工作的同时，张志刚依托少林会武术，积极开展群众文化活动，受到老百姓的一致赞扬。

近年来，通过吕玉田、徐宝忠、刘福才、张玉齐、张艳凯、周树德、吴德雨、吴德志、年小朋、张军、聂恩正等教练的辛勤耕耘，不少青少年喜欢上了武术，年睿涵、聂子等优秀代表小小年纪就在专业比赛中得奖多次，为青云店少林会武术增光添彩。吕玉田、徐宝忠、张艳凯、侯继民、张玉齐也分别在市、区、镇级武术比赛和会演中取得了优秀成绩。在张志刚的带领下，青云店少林会武术这个古老又年轻的集体生机勃勃。

三、武术特点

布场，主要物品：旗子、横幅。

开场，主要物品：鼓、镲。

开演，一般演练项目由简单到复杂，人员由年轻到年长。

1. 儿童出场

演练基本功：

正踢腿——两脚并立，目视前方，双臂向两侧水平伸直，手掌向前，挺胸、收腹、拔顶提肛、勾起敏落。

侧踢腿——左脚脚尖方向与右脚脚尖方向保持 90 度的角，使两髋展开，左右脚尖要踢到耳上方或过头。

踢腿——两脚直立，用力往上踢腿，要求身体正直，力达脚尖，涮腰、弯腰等。

2. 青少年出场

演练项目：

劈叉——横叉和竖叉。

空翻——正空翻、倒空翻、侧空翻。

旋子——正、反旋子。

乌龙绞柱、鲤鱼打挺、双飞腿、仙人床等。

3. 青壮年出场

这些人是少林会武术的骨干力量，已经练习很长时间，完全熟练掌握了青云店少林武术的重多套路、器械和功法。

演练项目：

单人单练小洪拳、六合拳、劈挂拳、二郎拳及其他拳种；

双人双练——两人上场练习同一种拳种；

双人对练——分徒手对练、花抓、上六套、空手夺刀（刺、砍、撩、斩、闪、展、腾、挪、蹿、蹦、跳、跃），两人对打传统拳术；

四门斗——六合拳的四门斗，东南西北四个方向各站一人同时演练。两人短器械对长器械，长器械对长器械。

器械有青龙大刀、六合枪、青龙枪、六合单刀、劈挂单刀、春秋刀、六合双钩等。

青云店少林会武术演练人员多，门派多、拳种多、器械多样，场面宏大，具有独特的民族艺术风格，给观看的人以极大的震撼力，多用于喜庆和谐、欢快祥和的场面，正能量极强。

第十三节 后安定少林武术

一、历史沿革概况

少林拳是我国北方流行的拳种之一，它是吸收聚集了中华历代各类传统武术之精华而创立的一个拳种。

清朝末年，天下大乱，八国联军借口发兵侵略中国，义和团在廊坊围剿八国联军，因武器落后、清政府无能而战败。义和团有一大将王德信，是后安定村人，因在抗击八国联军战斗中负伤，逃回本村，隐居养伤，后成家立业。王德信为人正直、讲义气，从小学习少林拳，有一身好武艺，得到村民的信任爱戴。当时兵荒马乱，土匪盗寇横行，村民为了保护好自己的家产，纷纷找王德信来学习武术。为了保护村里安全，村里组织成立了少林会，富人出钱，穷人出力，在村里立坛，由王德信教授少林拳。此少林会组织一直传承到1950年左右，以民间武术组织形式进行武术文化活动。

王德信因在义和团受过严格训练，懂事明理，在村里授拳，立下门规，传授技艺，得到地方百姓认可和拥护。

二、传承脉络

后安定少林武术传承谱系（大兴地区）如下：

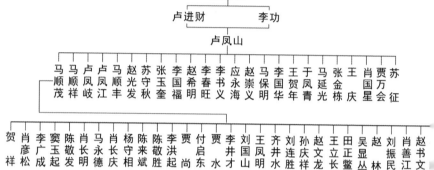

王德信传承后人较多，未有明确记载，习武徒弟有：

卢进财、李功、杨广友、贾玉鹏、李文秀、卢进义、马广文、马广章、王德珍、李广西、杨广孝、杨义成、杨广义、杨广志、尤德珍、贾凯、杨殿东。（全部是后安定村人）

卢凤山，1942 年 11 月 7 日生，大兴区安定镇后安定村人，习练少林拳，是卢进财长子，从小酷爱武术，得到父亲亲传，同时又和本村李功学艺，把本村的少林拳基本全部学得。卢凤山本人聪明、善良、勤奋、正直，武艺精通，后有很多有志青年都来投拜他学习少林拳。

三、武术特点

后安定少林武术主要有拳术和器械。

拳术有三步架、四步架、八步架、头趟、二趟、三趟、四趟、地趟、二郎拳、形意拳、通臂拳、猴拳、十二趟弹腿，另外有三步架对打、四步架对打、八步架对打。

器械主要有：单鞭一套、双鞭一套、单鞭对棍一套、双鞭对棍一套、单鞭对双鞭一套，这里的鞭是俗称扫子鞭的器械。还有单刀两套、双刀两套、单刀进（对）枪一套、双刀进（对）枪一套、大砍刀一套、六合枪一套、虎头双钩一套、齐眉棍一套、八棍头一套、八仙剑一套等。

所授少林拳，要求基本功扎实，各种步伐、手法练到位，冬练三九、夏练三伏，只有长期坚持才能出功夫。

少林拳的拳法主要有打、砸、压（裁）、扫、撞等。拳打一趟线，以吃外不吃内，使用闪、转、腾、挪、挨、傍、挤、靠等身法进行搏击。

拳法瓦垄掌，以削、劈、撩、推为主，其形状似瓦，大拇指紧贴掌心，四指并拢微有叠加，以增加坚实度和力度。

腿法主要有踢、弹、撞、撩等。

各套路拳法、腿法、招式多变化，尤其是练腿法要求长期站桩，才能把步伐练得扎实，像十二套弹腿就非常有代表性，它练就腿部下盘稳固，出拳出腿有力，对手来撞击时不倒，有利对抗对方进攻，同时又能出腿击伤对方。手是两扇门，全凭脚赢人。

第三章　现代大兴武术的新发展

第一节　武术组织及相关机构

一、北京市大兴区武术协会

大兴武术活动有着广泛的群众基础，20 世纪五六十年代，武术多以民间花会的形式出现。1974 年 4 月，大兴县体育运动委员会（以下简称大兴县体委）举行首次全县武术比赛，运动员主要来自农村和学校。1975 年，大兴县业余体校建武术队。1983 年 10 月，大兴县少年宫设立武术班。1985 年，全县有很多的村、镇自发地开展武术活动并成立武术队。武术需要有组织、有指导地健康发展，在大兴县体校武术教练范文强的倡导下，于 1985 年 5 月成立了大兴县武术运动协会。

2002 年，大兴县改区后武术运动协会进行了换届选举，实行会员制，区武术运动协会成为中国武术运动协会的二级会员单位。2006 年，全区有 2300 名武术界人士加入中国武术运动协会，并成为武术运动协会会员。

2014 年 10 月 15 日，北京市大兴区武术协会正式成立法人机构，这标志着北京市大兴区武术协会作为经北京市社会团体登记管理机关核准登记的非营利性社会团体法人组织，是推动武术运动发展，促进武术运动普及和技术水平提高的全区性群众体育社团组织，是代表北京市大兴区参加全市以及全国和国际相应的武术运动的合法组织。目前协会拥有下属分支机构若干家，主要负责对本区镇、街道、委、办、局，武术分会、门派、俱乐部进行业务指导；组织社会调查，对在本市范围内流传的传统武术进行挖掘、整理；组织武术理论、运动技术等方面的专题研究；对本区武术运动发展战略和改革措施提出建议；开办本区中国武术段位制等各种类型的武术培训班、训练班，承办市体育局、市体育总会委托的工作任务和竞赛活动，主办市级各种武术竞赛及群众性武术活动，联系各省、市、自治区武术协会互通情况，交流经验；负责本区武术裁判员的日常管理、培训、审批工作，并负责向国家武术协会推荐报考国家级裁判员及参加国内外各项武术比赛的裁判员工作；指导和配合本区有关部门组织出版武术书刊、音像等；根据国家和本市的有关规定，开展与武术有关的多种经营，为武术事业的发展积累资金；开展国际武术交流与培训活动，承办和参加全国性及国际性武术竞赛活动。

大兴区武术协会成立后同武林同道及社会各界广泛交流，开拓创新，发挥深层广泛培养武术人才、引导群众追求健身养生的生活理念、传承与弘扬中华武术文化思想主体优势作用，打造创建高端的武术交流交往平台，服务新区武术运动发展。

2015 年 1 月 1 日，北京市大兴区武术协会开门八极拳分会成立。

2015 年 12 月 8 日，北京市大兴区武术协会形意拳分会成立。

2016 年 7 月 3 日，北京市大兴区武术协会李式太极研究会成立。

2017 年 8 月 26 日，北京市大兴区武术协会杨式太极拳分会成立。

2018 年 1 月 27 日，北京市大兴区武术协会陈式太极拳分会成立。

2018 年 9 月 8 日，北京市大兴区武术协会人祖门少林派分会成立。

北京市大兴区（县）武术协会历届主席：

第一届：赵景城

第二届：张全亮

第三届：高连兴

第四届：马海峰

第五届：年晓波

第六届：郭少英

社团法人化后第一届：侯川

第二届：侯川

2019 年大兴区武术协会年会

二、北京市大兴区武术协会开门八极拳分会

北京市大兴区武术协会开门八极拳分会成立于2015年1月1日，由北京市大兴区武术协会副主席赵光发担任开门八极拳分会会长。

北京市大兴区武术协会开门八极拳分会成立大会

开门八极拳分会成立会员组织，设立委员会，选出会长、副会长、秘书长、副秘书长、理事等，到场会员82人。分会建立分会章程，制定分会规章制度、会员武术守则，并确定传承学习内容及方式。

开门八极拳分会成立后，各师门积极学练传承开门八极拳。通过学练传承拳艺，弟子们积极参加国际、国内、地区举办的各项武术大赛，近几年取得了各项奖牌200多枚，为中华武术传承、弘扬、发

展做出了贡献。

开门八极拳分会弟子们响应政府号召，以武术推广、普及全民健身为目的，进校区、进街道、进村镇、进机关、进公园等，使武术这一民族文化得到了空前发展。

武术骨干人员

赵光发，1963 年生于北京市大兴区安定乡后安定村。1987 年，拜本村著名拳师卢凤山为师，学习少林拳的形意拳、二郎拳、地躺拳、弹腿等，同时也学习并研究气功。1990 年，又拜开门八极拳第八代传人王克昌为师学习开门八极拳。2014 年，担任北京市大兴区武术协会副主席，积极组织分会成员参加大兴区武术协会开展的各项工作。2015 年，组建大兴区开门八极拳分会，担任会长，传授开门八极拳，为大兴区武术发展做出贡献。

王涛，1980 年生，河北省廊坊市广阳区万庄镇柳林马坊村人，是开门八极拳第八代传人王克昌的长子。王涛从小酷爱武术，得到父亲亲传，把八极拳各项拳法及器械学得精通。2015 年，担任北京市大兴区武术协会开门八极拳分会理事、开门八极拳万庄系修谱传承组委会理事。

胡殊豪，1977 年生于湖南省郴州市嘉禾县，中国孟村吴式开门八极拳第九代传人。自幼跟随父亲习练八极拳，后投于八极拳名家李俊义门下，师爷是吴连枝。习武多年，其以独特的技击风格及纯熟的八极拳技法得到业内人士的一致好评，成为年轻有为的吴式开门八极拳九世传人之一。他曾多次在全国及国际武术比赛中摘金夺银，是"武学汇"创始人之一。他曾任北京大兴区魏善庄第二中心小学"八极拳传承基地"特聘高级教练，大兴区念坛公园户外辅导站八极拳技击健身导师，并受邀参加大兴区第一中学高中部的武术八极拳教学及健身指导工作，大兴区首都师范大学北校区和金海学校特聘小学部武术社团八极拳教学工作。

赵维潇，1990年生，北京市大兴区黄村镇人，研究生学历，毕业于英国格拉斯哥卡利多尼亚大学。2012年7月，拜入开门八极拳第九代传人赵光发、付民门下，学练开门八极拳。2013年，在北京市国际武术交流文化大会上获得八极拳女子冠军。2015年，担任北京市大兴区武术协会开门八极拳分会秘书长。

刘佳兴，1988年生，河北省廊坊市广阳区人，大专学历。2012年7月，拜入开门八极拳第九代传人赵光发、付民门下，学练开门八极拳。2013年，在北京市国际武术交流文化大会上获得八极拳男子亚军。

高华付，1971年生，河北省廊坊市广阳区万庄镇人。2012年7月，拜入开门八极拳第九代传人赵光发、付民门下，学练开门八极拳。2015年，担任北京市大兴区武术协会开门八极拳分会副秘书长。2015年，在"贵仁杯"青岛武术文化交流大会上获得男子八极拳第一名。

杨博远，1997年生，北京市大兴区黄村镇人，研究生学历，毕业于首都经济贸易大学国际法学专业。2012年7月，拜入开门八极拳第九代传人赵光发、付民门下，学练开门八极拳。2013年，在北京市国际武术交流文化大会上获得八极拳女子亚军。

魏思远，1996年生，北京市大兴区黄村镇人，毕业于首钢工学院。2012年7月，拜入开门八极拳第九代传人赵光发、付民门下，学练开门八极拳。2015年，在"贵仁杯"青岛武术交流大会上获得男子组八极小架第一名、自选刀第二名，在大兴区首届武术文化节暨武术大赛上获得八极拳第一名、男子各式拳三等奖。

三、大兴区武术协会形意拳分会

2015年12月8日，在社会各界的大力支持下，北京市大兴区武术协会形意拳分会成立仪式在大兴区文化馆举行，李雨洁老师任分会第一届会长。形意拳分会的成立旨在更好地传承中华传统武术，让形意拳扎根大兴、服务群众。

北京市大兴区武术协会形意拳分会成立仪式

　　形意拳分会成立以来，不断参加各类活动宣传形意拳，积极推进自身队伍建设，吸引年轻有为的弟子、学员加入，持续邀请前辈名家、武林同道深入交流，探讨传统武术发展模式，深入开展武术传承教学，推动武术进校园、进社区，为形意拳的发展献计献策，为传统武术的传播贡献力量。分会积极参与北京市各大武术比赛，在历年的北京市传统武术锦标赛、冠军赛上荣获多项殊荣。

李雨洁自 1998 年开始从事武术教学工作，2000 年开始在北京大兴开展武术教育，深入社区、学校、街道、公园等地开展武术传承工作。2001 年，受聘为北京武术院（北京市武术运动管理中心）宽城分院教练。2002 年，创办大兴区黄村第八小学传统武术培训基地。2013 年，受邀前往北京石油化工学院担任武术协会形意拳教练。2017 年以来不断受邀前往山东、河北、辽宁、浙江、江苏、重庆、贵州等地教授形意拳、八卦掌等传统武术。

武术骨干人员

李雨洁，河北邯郸人，现居北京大兴，中国武术六段，宋式形意拳、程式八卦掌第四代传人，国家一级武术裁判员，北京市大兴区非物质文化遗产（宋式形意拳）传承人，北京市大兴区武术协会副主席兼秘书长、大兴区武术协会形意拳分会会长。

姚维玉，北京市平谷区人，医务工作者，中国武术协会会员，中国武术五段，现任北京市大兴区武术协会形意拳分会秘书长，习练五行通臂拳、杨式太极拳及形意拳、大成拳等。在习练钻研拳术的同时，身体力行，积极参与各项与武术相关的社会活动和比赛。

赵凤勇，1968年生于北京，师承八卦掌名家朱宝珍，现为八卦掌高级教练，中国武术七段，国家一级武术裁判员，国家级社会体育指导员，现任北京市大兴区武术协会形意拳分会副会长，北京市八卦掌研究会副会长，参与编写《中国武术系列规定套路——八卦掌》一书，任编委之一。

周天峰，宋式形意拳、程式八卦掌第五代传人，江苏省徐州市人，现任北京市大兴区武术协会形意拳分会副会长，在北京、江苏、陕西等地积极参与形意拳的宣传与推广工作，荣获北京市大兴区武术协会2018年度优秀运动员奖，2016年第三届北京国际武术文化节暨第十一届北京国际武术邀请赛两枚银牌，第四届北京国际武术文化节暨第十二届北京国际武术邀请赛金牌。

高飞，宋式形意拳、程式八卦掌第五代传人，北京市房山区人，现任北京市大兴区武术协会形意拳分会副秘书长，为形意拳的传承与发扬尽心竭力，荣获北京市大兴区武术协会2018年度优秀运动员奖，第十届中国·沧州国际武术节金牌，第四届北京国际武术文化节暨第十二届北京国际武术邀请赛金牌，第八届世界传统武术锦标赛金牌。

万地鸿，宋式形意拳、程式八卦掌第五代传人，贵州省遵义市人，现任北京市大兴区武术协会形意拳分会副秘书长，为形意拳的传承与推广做出积极贡献，荣获北京市大兴区武术协会 2018 年度优秀教练员奖，2018 黄山论剑·国际武术大赛金牌，第十届中国·沧州国际武术节金牌，第四届北京国际武术文化节暨第十二届北京国际武术邀请赛金牌，第八届世界传统武术锦标赛金牌。

四、大兴区武术协会李式太极研究会

2016 年 7 月 3 日，在大兴区武术协会的领导下，以及区武协所属各门派的支持下，北京市大兴区武术协会李式太极研究会在大兴区黄村镇成立，朱大英任首任会长，现任会长为尹清河。

北京市大兴区武术协会李式太极研究会的成立旨在对李式太极之拳理拳法进行组织学习、交流、研究、创新、传承和弘扬，着力倡导和践行强身健体、切磋技艺、修身养性、陶冶情操、传承国粹，为弘扬中华优秀武学文化做贡献。

李式太极研究会自成立以来，积极参加区、市组织的各项公益活动和武术比赛，取得多项优异成绩。同时积极开展武术健身运动，积极组织练功、教学和研究，为挖掘李式太极系列，传承武术文化发挥了积极作用。

武术骨干人员

任正光，李式太极拳第四代传人，任式拳法第二代传人，中国武术六段，是当今李式太极拳、任式拳法的掌门。曾带领数名弟子赴香港参加国际武术竞赛并传授拳理拳法，在武术界颇具影响力。

李洪生，中国武术七段。2003 年全国八卦拳成年组冠军。2005 年北京市传统武术比赛八卦拳、双器械、单器械冠军。2009 年北京市传统武术锦标赛八极拳、少林拳冠军。

李国各，李式太极第五代传人，中国武术七段。2005 年北京市传统武术比赛男子第二名。2016 年北京市传统武术比赛男了第一名。

任国海，任正光长子，李式太极拳第五代传人。自幼随从祖父任万良以及父亲任正光习练少林拳，如金刚八式、八极拳、通臂拳、燕形劈挂拳及各类器械。2008 年，作为主教练率 36 名弟子参加第九届邯郸世界太极拳大会，获单项第一名 3 项、第二名 2 项、第三名 1 项；2013 年，应邀率队参加台湾第一届武术文化节，获单项第一名 4 项、第二名 2 项。

李立华，李式太极拳第五代传人，中国武术七段，精通多种拳法、器械，资深武术教官。2005 年，获得第六届国际武术邀请赛男子双器械、传统太极拳、八极拳三项第一名；同年获得北京市"陈照奎杯"武术太极拳男子推手 80 千克级第一名。2008 年，获得中国邯郸第十一届国际武术运动大会少林拳第一名。2016 年，获得第三届台湾国际武术文化节传统南拳、内家拳、短器械三项第一名。

刘宝玉，李式太极拳第五代传人，中国武术六段。曾获 2012 年北京市传统武术比赛男子成年组弹腿、南拳第一名，八极拳第一名；2014 年北京国际武术文化节暨第十届北京国际武术邀请赛男 F 组少林拳第一名、传统八极拳第一名；2017年大兴区第二届武术大赛男子组传统武术一等奖。

　　任世胤，任正光长孙，李式太极拳第六代传人，自幼随祖父学习少林悟真派金刚八式、文功八式、武功八式、天罡拳、七星拳、八极拳等系列套路，后又随父亲任国海学习十二路弹腿，任式拳法四点手、五点手、散手搏斗等拳法。2008年，首次参加全国太极拳大赛，荣获青年组太极推手第二名。2018年，荣获北京市传统武术比赛青年组八极拳第一名、青年组弹腿第一名。

五、大兴区武术协会杨式太极拳分会

北京市大兴区武术协会杨式太极拳分会成立于 2017 年 8 月 26 日，会员近百人。分会成立以来，在大兴区武术协会的大力支持下，积极深入机关、学校、部队、医院、社区、企业教拳，在黄村、团河、观音寺、旧宫、东高地等社区，均建立了太极拳辅导站，累计已有近千人习练杨式太极拳，极大丰富了人民群众的文化生活，也促进了杨式太极拳的蓬勃发展。

北京市大兴区武术协会杨式太极拳分会成立仪式

武术骨干人员

张志晨，杨式太极拳第七代传人，中国武术六段，国家级社会体育指导员，现任大兴区武术协会杨式太极拳分会副会长，北京华园武术培训中心副主任。曾分别在河北邯郸国际太极拳大赛、香港国际武术大赛中荣获金奖。

葛国庆，杨式太极拳第七代传人，现任大兴区武术协会杨式太极拳分会秘书长，曾在河北邯郸国际太极拳大赛中荣获 1 金 1 银的好成绩。

王玉芳，杨式太极拳第七代传人，国家级社会体育指导员，中国武术六段，现任大兴区武术协会杨式太极拳分会常务理事，北京华园武术培训中心教练，旧宫镇旺星湖太极拳辅导站站长，曾在杨式太极拳比赛中获得一等奖，在第九届中国焦作国际太极拳交流大赛中荣获太极拳一等奖、太极剑二等奖。

唐嘉韵，杨式太极拳第七代传人，中国武术六段，国家级社会体育指导员。现任大兴区武术协会杨式太极拳分会理事，旧宫镇太极拳辅导站站长。分别在 2016 年、2017 年、2018 年、2019 年国内多种赛事中荣获金牌。

袁细萍，杨式太极拳第七代传人，现任大兴区武术协会杨式太极拳分会监事长，曾在北京、香港、邯郸、焦作等地太极拳大赛中多次荣获金奖。

六、大兴区武术协会陈式太极拳分会

北京市大兴区武术协会陈式太极拳分会成立于 2018 年 1 月 27 日，会员数百人，会长为陈福滨。分会以念坛公园地书广场为主要户外训练场所，成立以来积极深入各类学校、社区、企业等进行陈式太极拳的推广教学工作，在大兴多地建立了太极拳辅导站，促进了陈式太极拳在大兴地区的传播和弘扬。

北京市大兴区武术协会陈式太极拳分会成立仪式（根据民政主管部门的要求，初始名称之"研究会"，后统一改为"分会"）

武术骨干人员

陈福滨，中国武术六段，北京市大兴区武术协会副秘书长，北京陈式太极拳研究会副秘书长，北京市大兴区武术协会陈式太极拳分会会长，国家级社会体育指导员，国家三级武术裁判员，北京福易堂中医诊所医师，美国心脏协会急救导师。陈福滨生于中医世家，自幼习武，自 2000 年拜国际功夫实战家徐世熙为师，潜心研究陈式太极拳和尹派八卦掌，致力于陈式太极拳的推广，医武兼修。

七、大兴区武术协会人祖门少林派分会

2018 年 9 月 8 日，大兴区武术协会正式成立人祖门少林派分会，张玉国任分会会长。2018 年 10 月起，分会大力协助北京市大兴区青云店镇第一中心小学武术社团开展传统武术进校园活动，带领团队参加了 2019 年北京市青少年武术比赛、2019 年北京市传统武术锦标赛、2019 年大兴区中小学生武术锦标赛、2019 年北京市传统武术冠军赛、2021 年北京市中小学生武术健身操比赛、2021 年大兴区"月季杯"中小学生武术比赛等，取得了个人和团体多项荣誉。同时积极开展武术培训，积极参与大兴区内及青云店地区各项文化活动，为地区性武术文化的传承和发展，发挥了积极作用。

2019 年大兴区中小学生武术锦标赛

2019 年 7 月 7 日，大兴区武术协会人祖门少林派分会带领青云店镇第一中心小学生武术社团参加 2019 年大兴区中小学武术锦标赛，最终荣获优秀组织奖以及集体拳术第三名。此外共有 9 人次获得个人第一名，14 人次获得个人第二名，27 人次获得个人第三名。分会常务副会长张超荣获优秀教练员奖项。

武术骨干人员

张玉国，1963 年生，北京市大兴区青云店镇东回城村人。现任大兴区武术协会常务理事，大兴区武术协会人祖门少林派分会会长。1986 年，张玉国拜人祖门少林派张棣英为师，成为第二十代入室弟子，学习弹腿、掩手拳、二郎拳、紧三捶、太祖拳、六合枪、罗汉拳、八卦双刀以及两趟地躺单刀。习练内功有铁甲功、壮功、快功、透甲掌、飞行功、先天罗汉性功（三皇功）、大力金刚功、坐功以及健身治病等功法。

王惠民，大兴区武术协会人祖门少林派分会顾问，1947 年生于北京市大兴青云店镇，自幼随父学习武术，习练洪拳、六合拳、六合枪、六合刀、形意拳、劈挂拳、劈挂刀、青龙枪、对打以及中国式摔跤等。后拜青云店镇人祖门少林派传人陈广信以及郭广仁为师，学习弹腿、掩手拳、二郎拳、八卦剑以及武术内功等；又拜石永顺学习开门八极拳，拜河北省沧州市吴连枝学习八极拳。在 1984 年的北京市武术比赛中，王惠民荣获劈挂刀和八极拳第一名。其参加每届大兴区（县）武术比赛均荣获拳脚器械第一名。

侯文学，1973 年生于大兴区青云店镇，中国武术协会会员，中国武术五段，北京市大兴区文联副主席，北京市大兴区美术家协会主席。1986 年跟随张玉国学习传统武术，1993 年正式拜师入门习练性功拳至今。

李红方，1963 年生于大兴区安定镇，2001 年拜张玉国为师，习练二郎拳、性功拳、桩功、站桩功、坐功等。目前，担任大兴区武术协会人祖门少林派分会监事长。

刘海全，1970 年生于大兴区青云店镇，1996 年拜张玉国为师，先后学习了采气、桩功、掩手拳、二郎拳等武术套路，后又习练性功拳至今。目前担任大兴区武术协会人祖门少林派分会监事。

张舫，大兴区北臧村镇西大营村人，2020 年拜张玉国为师，学习弹腿、掩手拳、罗汉拳以及性功拳等。目前在大兴区武术协会人祖门少林派分会担任监事。

吴迪，女，大兴区采育镇人，北京市社会体育指导员。2019 年拜张玉国为师，学习采气、桩功、掩手拳、长拳和剑术等，后又习练性功拳至今。

张超，1990 年生于大兴区青云店镇。大学毕业后，开始跟随父亲张玉国学习武术，2019 年入人祖门少林派，习练掩手拳、弹腿、二郎拳、罗汉拳、性功拳、桩功、坐功等。积极响应国家武术七进政策，带领人祖们少林派团队进机关、进校园等，并带领团队多次获得团体奖、个人奖及优秀教练员称号。现任大兴区武术协会监事、大兴区武术协会人祖门少林派分会常务副会长。

陈阔，北京市大兴区青云店镇六村人。自幼好动，受父辈影响对武术产生浓厚兴趣。上学后在校和武术教练郭义全习练武术套路。后经教练引荐，拜牛街白猿通臂拳第五代传人张斌为师，学习白猿通臂拳活身基本功——操桩打袋功法。之后通过郭教练引荐，又有缘和祁家通臂拳第七代传人何志武习练祁家通臂拳散手。2018年9月开始，在青云店镇东回城完全小学教武术期间跟张玉国学习了弹腿、掩手拳、罗汉拳、桩功等。2022年农历十二月十五日，拜张玉国为师，开始学习内功功理功法。他曾获得2017年大兴区武术比赛二类拳种第一名，2017年海峡两岸武术交流比赛二类拳种第二名，2018年北京市传统武术比赛二类拳种第二名，2019年北京市传统武术比赛二类拳种第一名，2019年北京市传统武术冠军赛二类拳种第一名。

殷武强，1969年生于大兴区青云店镇，从小受父辈影响，对武术产生浓厚的兴趣。6岁跟随爷爷殷凤岭学习人祖门少林派的弹腿、掩手拳、二郎拳、行者棒、六合枪。12岁时随父殷绍敏学习虎头双钩和八卦剑等，各种拳器习练至今。

郭春雨，1969年生于大兴区青云店镇。因受父亲及本族伯父郭广仁习武影响，酷爱武术，6岁时便开始修炼基本功溜腿架、弹腿。后随殷凤岭学习掩手拳、二郎拳、行者棍，并与殷绍敏学习八卦剑。2013年开始跟太极名家刘鸿魁学习太极拳。2015年正式拜刘鸿魁为师学习陈式太极拳、太极刀、剑等，先后拿过多个国内、国际武术大赛的金牌、银牌、铜牌。

八、大兴区武术协会剑刃摔跤队

北京市大兴区武术协会剑刃摔跤队创始于 2006 年，队内成员共 30 余人。剑刃摔跤队成立至今，培养了众多优秀运动员，取得多项成绩和荣誉，在摔跤界名声显赫，吸引了全国众多摔跤爱好者前来参观学习，更有外国友人慕名而来。在摔跤队创始人陈建任的带领下，剑刃摔跤队为中国式摔跤的传承和发扬光大做出了卓越的贡献，以中国式摔跤作为媒介展现了新北京新大兴的精神风貌。

近年重要比赛成绩：

在 2015 年中国式摔跤温州国际邀请赛中荣获 1 金 1 银 1 铜。

在 2015 年辽宁省木溪市全国中国式摔跤锦标赛中荣获 2 金 3 铜。

在 2015 年唐山"九江杯"全国中国式摔跤冠军赛中荣获 1 金 2 银。

在 2016 年葫芦岛市全国中国式摔跤锦标赛中荣获 2 金 1 银 1 铜。

在 2016 年山西省忻州市全国中国式摔跤冠军赛中荣获 3 金 2 铜。

在 2017 年葫芦岛市全国中国式摔跤锦标赛中荣获 2 金 1 银 2 铜。

在 2017 年内蒙古西乌旗全国中国式摔跤锦标赛中荣获 1 金 1 银。

在 2017 年山东省日照市推手比赛中格格日呼拿下总擂台主"战神"称号。

在 2018 年南京全国大学生摔跤比赛中荣获 1 金 1 银 2 铜。

在 2019 年三亚太极志——太极英雄摔跤擂台中荣获 1 金 2 银 1 铜。

武术骨干人员

陈建任，1968年生，河北省沧州市人，本科学历，中国武术七段，世界博技联盟副会长，中国式摔跤高级教练员，蒙古国摔跤协会副主席，大兴区武术协会剑刃摔跤队创始人。

2017年全国中国式摔跤锦标赛　陈建任（左二）

2015 年全国中国式摔跤锦标赛 陈道玞（左二）

　　陈道玞，1992 年 3 月出生于河北省沧州市，2012 年毕业于天津体育学院武术系中国式摔跤专业，获得学士学位。中国式摔跤国家健将级运动员，国家级教练员，国家一级武术裁判员，中国武术六段，《跤坛英雄榜》栏目签约运动员，大兴区武术协会剑刃摔跤队秘书长。2017 年，为温州体校培训教学备战，带领学员取得全国青少年比赛 1 金 1 银 2 铜的好成绩。曾任温州科技职业学院中国式摔跤主教练（特邀备战 2018 年大学生全国比赛）。2021 年 9 月，参加中华人民共和国第十四届运动会（全运会），荣获个人 60 千克级第五名。

　　田景生，1964 年 8 月出生于河北省唐山市，国家高级教练员，NPO 法人世界搏技联盟副主席，国际搏技总会副会长，北京市大兴区武术协会剑刃摔跤队主教练。1974 年，开始练习中国式摔跤。

1980 年，调入河北省摔跤队。1983 年，正式调入河北省体工队任运动员。1988 年，任河北省体工队教练兼运动员；同年，被评为中级教练。1996 年，被评为高级教练。1995 年，被调入北京铁路公安局，并被借调入火车头体工队任教练兼运动员。现任中国式摔跤发展委员会主教练。

张印红，北京大兴人，大兴会友俱乐部创始人，北京市大兴区武术协会剑刃摔跤队高级教练员，师从王英华，为大兴摔跤的发展和推广做出重要贡献。

九、北京大兴鸣生亮武学研究会

北京大兴鸣生亮武学研究会成立于 2005 年 12 月 5 日，创始人为著名梁式八卦掌、吴式太极拳名家张全亮。

鸣生亮武学研究会的"鸣"字代表梁式八卦掌主要代表人、张全亮的恩师李子鸣，"生"字代表吴式太极拳主要代表人、张全亮的恩师王培生，"亮"字代表张全亮本人，为弘扬光大"鸣生拳法"（即梁式八卦掌、吴式太极拳）之意。鸣生亮武学研究会成立以来由于在吴式太极拳、梁式八卦掌及其武术文化的传播上业绩突出，获得政府有关部门的认可，也赢得了国内外武术界的良好口碑。

2014 年 12 月，经北京市民政局专家组审批，鸣生亮武学研究会被列为"AAAA 级中国社会团体组织"

张全亮和鸣生亮武学研究会新任会长张卫公、常务副会长张小瑛在庆祝太极拳被列为世界非物质文化遗产项目大会上在吴式太极拳花车前合影留念

武术骨干人员

张全亮，中国武术八段，先后学习了摔跤、少林拳、通臂拳、弹腿、查滑拳、形意拳、八卦拳、太极拳等拳术，以及佛、道气功等功法，武术功底雄厚。

马永兰，女，1941 年出生，北京大兴人，回族，中国共产党党员，北京市优秀社会体育指导员，中国武术六段，鸣生亮武学研究会名誉会长。马永兰 1970 年开始学练太极拳，1985 年拜王培生为师，系统学练吴式太极拳。1999 年 4 月，在北京市吴式太极拳、械表演观摩交流比赛中获得特别优秀奖。2001 年 5 月，在北京市大兴区全民健身体育节武术比赛中获得女子成年组太极拳第一名。2001 年 6 月，参加北京市"神龙杯"太极拳剑推手比赛获得太极拳老年组第一名；12 月，在北京市大兴区太极拳交流观摩大会上获得 32 式太极剑优胜奖。

张卫公，1968 年生，回族，北京大兴人，中国共产党党员、本科学历，中国武术六段，国家级社会体育指导员，现任鸣生亮武学研究会会长兼理事长（法人代表）。张卫公自幼跟随父亲张全亮习练八卦掌、通臂拳、吴式太极拳、气功养生等。1979 年开始向著名武术家张旭初师伯学习八极拳、劈挂掌、散手、花刀、棍术等。曾经多次参加全国及北京市武术比赛，取得优异成绩。1995 年 5 月，荣获北京市第四届民族传统体育运动会武术比赛刀术第二名、拳术第二名。1994 年 4 月和 1995 年 7 月连续两年获得中华民间武艺精粹邀请赛男子成年组拳术第一名。2000 年 6 月，荣获北京市大众健身武术比赛传统拳术第一名、传统刀术第一名。

李雪征，1964 年生，现任鸣生亮武学研究会监事长。1981 年开始随张全亮学习八卦掌、太极拳，长期辅助老师组织举办太极拳、八卦掌培养班。2018 年，在第二届海峡两岸武术交流会上荣获八卦掌、太极拳一等奖。

张小瑛，女，中国武术六段，国家一级社会体育指导员，鸣生亮武学研究会常务副会长。张全亮之女。自幼习武，师从多位名家学习过多种武术拳种。经过 40 余年的勤学苦练，修成了独特的有较高内功基础的阴阳合一法。多次在国内外大型武术比赛中获得优异成绩。2018年，被评为北京市优秀社会体育指导员。

马士兰，女，1953年生，中国共产党党员，国家级社会体育指导员，现任鸣生亮武学研究会常务副会长，大兴区老干部大学太极拳社副社长。1995年以来一直跟随张全亮学练吴式太极拳、梁式八卦掌等。2000年1月，成为张全亮入室弟子。2008年至今在老干部大学习练吴式太极拳、吴式十三刀、吴式64剑、梁式直趟64掌、八卦滚手刀、八卦三合剑等，多次参加大兴区、北京市太极拳比赛并获得优异成绩。

吴明，1974年生，安徽省颍上县人，本科学历。1986年至1989年在河南少林武术院学习武术专业。1993年拜张全亮为师，学习梁式八卦掌与吴式太极拳、八极拳、劈挂掌、通臂拳、内家气功等，得到恩师真传，技艺与武德渐入佳境。张家口市第九届、十届、十一届政协委员，宣化区第十四届人大代表、第十五届人大常委，现为中国武术六段，河北省张家口市宣化区武术协会主席，鸣生亮武学研究会常务副会长。1996年至今，在塞北地区创办了第一家"塞北文武学校"，该校多次被评为市、县教育工作"先进单位"，社会力量"办学先进单位"。吴明本人获得"师德标兵""十佳校长"光荣称号。2013年11月，吴明在张家口市宣化区所传承申报的梁式八卦掌，被评为"张家口市非物质文化遗产代表性项目"，2019年12月又被河北省人民政府和河北省文化旅游厅评定为"省级非物质文化遗产保护项目"。

张秋芬，女，1962 年生，中国共产党党员，现任鸣生亮武学研究会常务副会长兼办公室主任，大兴区老干部大学太极拳社副社长，北京市一级社会体育指导员，二级健身气功指导员，中国武术五段。

十、北京市大兴区陈式太极拳协会

北京市大兴区陈式太极拳协会正式成立于 2015 年 1 月 28 日，以"继承太极精华，发扬传统文化；增进锻炼意识，提高身体素质；以拳健身，以拳会友，以拳明理"为协会宗旨。

北京市大兴区陈式太极拳协会邀请石锦平老师常年在大兴区康庄公园讲授陈式太极拳一路（75 式）、二路、推手和太极刀剑。多年来众多陈式太极拳爱好者跟随石锦平习练传统陈式太极拳的基本套路以及器械。在国家倡导武术走进校园的大背景下，协会近年来逐步把太极拳推广到中小学校园。两年来，大兴七中、魏善庄小学、行知小学、首都师范大学附属小学四季青学校等区内外校园都留下了太极拳授课老师辛勤的汗水。

2015 年，石锦平带领协会会员参加河南焦作国际太极拳比赛，参赛队员取得了陈式太极拳项目 3 个一等奖，太极剑项目 3 个三等奖。2016 年，参加邯郸国际太极拳大会，取得太极拳比赛 2 个一等奖、7 个二等奖、团体三等奖的好成绩。

武术骨干人员

石锦平，陈式太极拳第十二代传人，中国武术七段，国家级社会体育指导员，现任北京市大兴区陈式太极拳协会会长，曾分别在河南焦作、河北邯郸国际太极拳大赛中获得金奖。

十一、北京市大兴区少年宫武术兴趣培训班

大兴区少年宫武术兴趣培训班从 1983 年 10 月开始对外招生，培训对象是大兴区中、小学生，培训内容包括武术基本功，长拳类拳、器，传统类拳、器等基本套路。每年招生三次，分春季、暑期、秋季，每年有 200 多人次参加武术培训活动，至今约有上万人次的中、小学生来到少年宫接受培训，在培训期间少年宫多次有目的有计划地组织学生进行国际与国内的展演、交流、比赛等活动，多家媒体对此进行过宣传报道。几十年来有近 500 人次获得过国际、国内奖项，近百人被认定为国家二级及以上运动员，考入专业院校的近 10 人。

武术骨干人员

柴雨生

柴雨生，1961 年 3 月生于北京市大兴区采育镇，自少年起喜爱武术运动，曾得到过多位武术前辈的指导，习练过少林、八极等拳器。1979 年 9 月，考入北京体育师范学院进行专业武术学习。1983 年 7 月，大学本科毕业后被分配到大兴少年宫做专职武术教师。2021

年3月退休。中国武术六段，国家一级武术裁判员，高级武术教师，曾任大兴区武术协会副主席，北京鸣生亮武学研究会常务副会长，北京吴式太极拳研究会、梁式八卦掌研究会常务理事。1985年7月，首次参加大兴县武术选拔赛，获拳、器（全部）两项第一名；同年8月代表大兴县（县体委组队）参加北京市武术观摩大赛，参加成人组3个项目，获得南拳组冠军、传统二类拳和传统软器械亚军。2000年至2002年，连续三届获大兴区级武术比赛成年男子组太极拳和太极器械的冠军。2003年，代表北京吴式太极拳研究会，应邀参加在福建省泉州市举行的全国第二届传统武术研讨活动，其在活动中展示的传统吴式太极拳获得优等奖。2016年、2017年、2018年，在大兴区组织的每年一届太极拳比赛中任总裁判长。在职工作38年，被评为区级先进个人3次、市级先进个人1次。

自1983年至2009年任大兴少年宫专业武术教师26年，培养学生超过5000人次，成绩斐然。近十几年来，柴雨生专心推广太极拳运动，为大兴魏善庄、瀛海、旧宫等地区及区老干部大学等培养太极拳爱好者3000多人，这些太极拳爱好者在市、区级各类型比赛或展示中多次获得好成绩。

十二、北京大兴贵仁武术院

北京大兴贵仁武术院创建于 1998 年，拥有全新的封闭式校区和舒适的宿舍环境。院内生态环境宜人，文化氛围浓郁，得天独厚的地缘优势与优质的教育资源相辅相成。学校拥有来自北体专业的辅导老师和教练，拥有多年的武术教学和体育单招经验。

贵仁武术学院部分师生合影

贵仁武术院自 1998 年成立以来陆续向各大体院、综合类大学、师范类大学输送优秀人才千余人，向武警雪豹突击队、武警猎鹰突击队、特种作战部队输送 20 余人；同时也多次代表大兴区参加北京市和国家级武术类比赛，取得优异成绩。贵仁武术院多年来培养出中国武术协会会员千余人，也曾代表北京市武术协会和大兴区武术协会举办过散打比赛，有多个武术院校和专业队伍参加，为大兴区的武术事业发展贡献了力量。

武术骨干人员

祁暄，女，北京大兴贵仁武术院院长，中国共产党党员，北京体育大学硕士研究生，中国武术七段，武术散打国际级裁判。祖籍山东青岛，自幼师从曹茂恩（曾任国家散打队副领队）习武。1991年，被成都体育学院特招，在校期间深得著名武术教育家习云泰教授教诲，并多次在全国重大比赛中夺魁。1995年，任北京武术院散打总教头。1997年，被河北省跆拳道队聘为高级顾问。1998年，成立北京大兴贵仁武术院，并在2016年创办了河北省涿州市贵仁学校。多次应邀参加省级和国家级比赛，出任裁判员和裁判长。

祁暄

张海泉，散打主教练，中国共产党党员，北京体育大学武术学院散打专业硕士，中国武术六段，国家一级散打裁判员，中国成教高级散打教练员，武英级运动员，二级社会体育指导员。从事散打教学15年，曾带队获得省级锦标赛冠军。

胡本昌，武术套路主教练，毕业于黑龙江省大庆体校，二级社会体育指导员，国家一级教练、一级裁判，从事武术套路教学20年，参加全国比赛及省级锦标赛多次，向专业队、体育学院、师范学院输送人才80多人次。

王金龙，跆拳道主教练，一级社会体育指导员，获得跆拳道晋级考试官资格证，高级跆拳道教练，跆拳道黑带四段，中国武术四段。2017年，任北京市大兴区跆拳道协会副秘书长。多次带队参加全国比赛及省级锦标赛，向专业队、体育学院、师范学院输送多人。

王余磊，军训总教练，特种作战部队退役。曾多次参加大型散打比赛，并取得优异成绩。精通武力突击、特种侦察、攀登下滑、散打搏击等技能。

任泽辉，武术散打、搏击、空手道教练，毕业于北京体育大学，一级社会体育指导员，高级散打教练员，曾多次在大型比赛中取得冠军。

郑加辉，散打、搏击教练，毕业于北京体育大学，一级社会体育指导员，高级散打教练员，曾多次在大型比赛中取得优异成绩。

十三、捍能国际

捍能国际体育科技（北京）有限公司成立于 2016 年，是一家集青少年体育培训、赛事 IP 打造、体育场馆运营为一体的文化＋体育正能量产业化公司，专注于中华传统文化传播，以捍卫正能量、铸造中国脊梁为使命，致力于全民健身计划推广和青少年体育事业发展，首创的 721 课程体系和"体育＋国学"教学模式作为行业标杆被广泛推广，为文化强国、体育强国建设做出了积极贡献。

捍能国际作为文化体育产业先行者、引领者，凭借在体育文化产业中的突出贡献，先后被评为北京市体育产业基地示范单位、北京市中小学生大课堂资源单位、2019 年中国文创新品牌榜 50 强等；2021 年荣获"全国群众体育先进单位"集体荣誉称号。

捍能国际先后与北京市武术运动协会、北京体育大学、首都体育学院等组织团体建立战略合作关系。公司董事长胡晋领担任北京市武术运动协会理事，北京市高级知识分子联谊会理事，北京市文化创意投资商会副会长等社会职务。公司资源渠道广阔，具备向北京市和全国输送优质项目的优势。

武术骨干人员

胡晋领，体育教育学博士，中国武术六段，国家级武术散打裁判员，捍能国际创始人。曾获全国武术散打冠军，以及"北京市劳动模范""新国门领军人才""大兴工匠"等荣誉称号。北京市武术运动协会理事、青少年委员会副主任，北京市大兴区青少年体育运动协会会长，北京市高级知识分子联谊会理事，北京市文化创意投资商会副会长。

焦晓雨，河南淮阳人，捍能国际创始人，著名导演，西安体育学院武术系特聘教授。自幼习武，曾获得中国第五届太极拳锦标赛一等奖及第二届国际陈氏太极拳比赛第一名。后从事影视工作，担任过武打替身、副武术指导、武术指导、动作导演等职，现为影视剧新锐导演。

十四、北京兴岳武馆

北京兴岳武馆创立于 2014 年 9 月，总面积 700 平方米，是一个专业武术、跆拳道培训基地，也是北京佛汉精武会大兴区分会所在地，非物质文化遗产吴式太极拳、佛汉拳传承基地。

兴岳武馆创始人李雪伟，1989 年 11 月生于河北省邯郸市，中国武术协会会员，中国武术五段，少林寺武僧，北京宏伟博通武术文化发展有限公司武术动作指导兼总教练，北京市武术协会佛汉拳研究会常务理事，北京佛汉精武会大兴区分会会长，大兴鸣生亮武学研究会金牌教练，大兴区魏善庄镇第二中心小学、魏善庄中学武术总教练。自幼习武，学习过少林拳、长拳、浑圆桩、太极拳、散打、硬气功、少林十八般兵器等。

十五、昆仑决

昆仑决，类型为世界级格斗系列赛事，通常指"昆仑决自由搏击冠军赛"及"昆仑决综合格斗冠军赛"的合成，是一项由中国原创，掌握核心规则制定权与话语权的世界职业搏击赛事。于2013年由昆尚传媒创建于中国北京大兴，是世界较年轻的自由搏击推广组织。昆仑决年均举办近30场比赛，通过3年的时间，在赛事质量和数量上，超越众多世界同行业搏击赛事。

第二节 武术遗产的挖掘整理

大兴区武术非物质文化遗产名录

截至 2022 年年底，大兴区非物质文化遗产代表项目已有 45 个，其中有 8 项为武术类。

北京市大兴区武术类进入各级非物质文化遗产保护名录名单

序号	项目名称	责任单位	公布时间批次	现评定级别
1	吴式太极拳（北派）	鸣生亮武学研究会	市级 2009 年第二批 国家级 2014 年第三批	国家级
2	梁式八卦掌	兴丰街道办事处	区级 2009 年第二批	区级
3	天宫院五虎少林圣会	北藏村镇政府	区级 2012 年第三批	区级
4	宋式形意拳	天宫院街道办事处	区级 2012 年第三批	区级
5	八极拳	魏善庄镇政府	区级 2014 年第四批	区级
6	程式八卦掌	青云店镇文体中心	区级 2017 年第五批	区级
7	青云店人祖门少林派	青云店镇人民政府	区级 2019 年第六批	区级
8	青云店少林花会	青云店镇	区级 2021 年第七批	区级

第三节 武术活动和竞赛

一、市级比赛及活动

1985 年，大兴县武术运动协会协助大兴县体委承办北京市农民武术比赛，地点在大兴县长子营乡留民营村。大兴县运动员安万德、肖增芬、韩香改、王惠民获得一等奖。

1987 年，大兴县武术运动协会承办北京农民武术比赛，地点在大兴县体委综合训练馆。其间安万德被选出，代表北京市参加全国首届农民运动会武术比赛。1988 年，全国首届农民运动会武术比赛在海淀体育馆举行，安万德获得"优胜奖"。

1991 年，大兴县武术运动协会承办北京市农民武术比赛，地点在大兴县体委综合训练馆。大兴县代表队获团体冠军。

1992 年，由大兴县负责组队代表北京市参加全国农民运动会，教练范文强，运动员有安万德、韩香改、李秀华、姜尚龙、刘劲松、朱振宇等，安万德、韩香改、刘劲松获得"优胜奖"，李秀华获"精神文明运动员"称号。

1995 年，大兴县武术运动协会承办北京市农民武术比赛，北京体育师范学院谢志奎教授担任总裁判长，大兴县范文强担任副总裁判长，大兴县代表队获团体第一名。

2012 年 7 月 21 日，大兴区通臂拳研究会会长马启华率弟子代表大兴区武术协会，参加了首届北京国际武术文化节暨第九届北京国际武术邀请赛，获得 5 金、4 银、1 铜的好成绩。

2015 年，北京市大兴区武术协会携手北京贵仁武术院举办了 2015 "贵仁杯"青岛武术交流大会，参赛队伍有 40 多支，参赛选手逾千人，交流主要涉及武术传统套路、散打等项目。

2015 年 7 月 18 日，北京市大兴区武术协会带领协会成员参加了"全球金融集团"杯第五届北京国际武术文化交流大会暨"全球功夫网"杯第四届国际功夫交流大会。比赛项目涉及武术套路、散打、跆拳道、太极推手、摔跤以及各种民间传统武术项目。此次活动吸引了 60 多个国家，国内 31 个省、市、自治区及港、澳、台地区的 300 多支代表队参加，近万名运动员报名参赛。北京市大兴区武术协会组织 20 多人参加比赛，并取得了优异成绩，其中大兴区武术协会八极拳分会夺得金牌 5 枚、银牌 15 枚，大兴区武术协会形意拳分会获得 2 枚银牌，大兴区武术协会剑刃摔跤队共获得 6 块金牌等。

2015 年 10 月 31 日至 11 月 1 日，大兴代表队参加 2015 年北京市中小学生武术公开赛，获小学女子甲组传统二类拳第三名、小学男子组传统四类拳第四名、小学男子组传统二类拳第五名、小学女子甲组初级剑第五名、女子组自选拳第五名、小学女子甲组剑术第七名的好成绩。

2016 年 4 月 9 日，大兴区武术协会形意拳分会代表大兴区参加北京市传统武术锦标赛，在个人项目中荣获第一、第三以及其他好成绩。

2016 年 4 月 18 日，全国女子武术散打锦标赛在武汉体育学院开赛，此次赛事由国家体育总局武术运动管理中心、中国武术协会、湖北省体育局和武汉体育学院等联合主办。北京贵仁武术院代表北京市大兴区参加此次比赛，并取得优异成绩。

2016 年 5 月 7 日，由北京武术院（北京市武术运动管理中心）、北京市武术运动协会主办的北京市传统武术冠军赛在北京市石景山体育馆举办。北京贵仁武术院和大兴区武术协会形意拳分会代表大兴区参加此次比赛，并取得了优异成绩。

2016 年 7 月 17 日，大兴区武术协会形意拳分会副会长周天峰代表大兴区参加 2016 年第三届北京国际武术文化节暨第十一届北京国际武术邀请赛，成功斩获 2 枚银牌。

2016 年 9 月 20 日，第五届北京市"天坛杯"社区武术太极拳（剑）比赛在天坛公园神乐署开赛，大兴区体育局派出三支社区代表队进行 24 式太极拳、32 式太极剑和自编自选项目等 3 个单项和团体比赛。本次比赛为集体单项和团体总分比赛，共设 3 个项目。大兴代表队获得团体总分第六名的好成绩，并获得优秀组织奖。

2017 年 4 月 22 日，北京武术院与北京市石景山区体育局共同主办的北京市传统武术锦标赛在石景山成功举办。共有来自各区武术馆、校、俱乐部、拳种研究会等的 48 支代表队 882 名运动员参加比赛。本次比赛涵盖拳术项目、器械项目和对练项目，成绩将作为"中国武术段位制"晋级技术考核的依据，获得个人单项前八名的运动员将有资格参加 2017 年的北京市传统武术冠军赛。大兴区武术协会形意拳分会周天峰、赵志刚等 13 名队员在赛场上斩获不俗的成绩。

2017 年 7 月，"宝得利杯"第四届台湾国际武术文化节在台湾举行，首次设置散打比赛。大兴区武术协会一行 15 人赴台，参加了宋式形意拳、程派八卦掌、陈式太极拳、杨式太极拳、掩手拳、太极刀、太极剑等 18 项比赛，获得了 16 块金牌、3 块银牌，共 19 块奖牌。

大兴区武术协会参加第四届台湾国际武术文化节

2017年8月6日，由北京青年报联合北京武术院主办、大兴武术协会协办的首届北京国际太极文化季大兴赛区选拔赛在大兴区康庄公园举行，共20余支队伍数百名太极爱好者参加。

陈式太极大兴念坛队获太极文化传承团队第一名

2017年9月24日，第六届北京市社区武术太极拳（剑）比赛在捍能国际青少年运动城举办，来自北京市各区县的武术馆、校、俱乐部、拳种研究会等9支代表队共计336人次参加。此次比赛为获得前三名获奖队伍颁奖，大兴共获得奖牌15枚，大兴区武术协会杨式太极拳分会获得自编自选项目第3名，大兴区武术协会获得精神文明奖，大兴体育局获得最佳组织奖。

小学生们为现场嘉宾和各大媒体展示了精彩的武术表演

2017 年 10 月 31 日，2017 海峡两岸武术交流会网络竞赛主题日两岸媒体联合采访活动于北京市大兴区魏善庄第二中心小学举行。北京武术院、大兴区武术协会、魏善庄第二中心小学领导以及北京市著名武术家莅临现场，接受来自海峡两岸的各大媒体采访，对海峡两岸武术交流会和武术进校园普及发展情况进行介绍。

2017 年 12 月 3 海峡两岸精武表演

2017 年 12 月 3 日，北京市大兴区人民政府、北京市武术院、中华洪门武术联盟联合主办的 2017 海峡两岸武术交流会现场赛事主题活动在西城区广安体育馆举行，来自北京、天津、河北等省市以及台湾地区的 600 余名武术爱好者在规定类、初级类、自选类、传统类、太极类等 5 大类项目的 80 多个专项上切磋技艺。大兴区武术协会代表队在比赛中荣获 2 金 4 银的好成绩。

2018 年 1 月 28 日，"2018 联合国总部·中国非物质文化遗产展"在北京奥林匹克公园国家会议中心隆重举行，大兴区武术协会形意拳分会会长李雨洁作为宋式形意拳非遗传承人受邀参加。

大兴区武术协会代表队

　　2018 年 3 月 31 日，北京传统武术锦标赛在北京广安体育馆隆重举行，40 余支代表队，700 余名运动员，总计上千人到场参与了此次武术大赛。大兴区武术协会代表队共计 45 名运动员参赛，收获颇丰，在比赛中共取得了 51 个项目的名次。

　　2018 年 5 月 5 日，2018 年北京市传统武术冠军赛在首都体育学院田径馆举行，共 39 支代表队 400 多名运动员参与了本次比赛。大兴区武术协会代表队共有 37 名运动员参加，在比赛近 40 个项目中取得第一名 4 项、第二名 7 项、第三名 9 项、第四名 12 项、第五名 2 项的优异成绩。

　　2018 年 7 月 30 日，2018 年黄山论剑·国际武术大赛在安徽黄山开幕。大兴区武术协会形意拳分会积极组织参与了此次大赛，张倩、麻丹凤、万地鸿等 3 名成员参赛，并在传统拳术、器械的比赛中取得 3 金 1 铜的好成绩。

2018 年 9 月 19 日，第十届中国·沧州国际武术节在沧州市体育馆开幕。大兴区武术协会形意拳分会高飞、麻丹凤、万地鸿 3 人凭借赛场稳定的发挥斩获 2 金 1 银 1 铜的好成绩。2018 年 11 月 17 日，第四届北京国际武术文化节暨第十二届北京国际武术邀请赛在大兴新城体育中心拉开帷幕，大兴区武术协会形意拳分会积极备战，赛场稳定发挥，斩获 3 枚金牌。

2019 年 4 月 27 日，北京市青少年武术比赛在北京地坛体育馆举办，大兴区武术协会 30 名青少年运动员参赛，运动员当中最小的 7 岁，最大的 15 岁，共报名参加 56 个项目。本次比赛大兴区武术协会代表队共获得第一名 6 项、第二名 7 项、第三名 10 项、第四名 16 项、第五名到第八名 15 项的优异成绩。

2019 年 5 月 2 日，2019 年第二届 WKK 功夫少年武术联赛在捍能国际青少年运动城隆重举办。来自全国各地的 39 支队伍 500 多名运动员参赛，现场各队选手争雄于拳台，上演了一场精彩绝伦的功夫盛赛。

2019 年 5 月 11 日，大兴区武术协会派出数名队员参加了北京市传统武术锦标赛，收获颇丰，斩获金、银、铜牌数枚。

2019 年 5 月 24 日，第四届中国徐州"丝路汉风"国际武术大赛在徐州奥体中心拉开大幕，大兴区武术协会形意拳分会高飞、万地鸿、潘青松、麻丹凤 4 名队员参加了此次大赛，在形意拳、八卦掌拳械项目中斩获 3 金 2 银 1 铜的好成绩。

大兴区武术协会副主席李雨洁老师与参赛运动员合影

2019 年 6 月 16 日至 18 日，"慧定峨眉·武动世界"第八届世界传统武术锦标赛在四川省峨眉山市举行，来自中、美、法、德等 48 个国家和地区的 5000 多名运动员齐聚峨眉山下以武会友。大兴区武术协会争取到 3 个名额，委任区武协副主席李雨洁，带领 3 名成绩突出、参加国际赛事经验丰富的年轻运动员，跟随北京市武术协会的比赛队伍参赛。大兴区选手发挥出色，取得 2 金 3 银 1 铜的优异成绩。

2019 年 6 月 29 日至 6 月 30 日，北京大兴贵仁武术院代表大兴区参加由北京市体育局主办的北京市青少年武术散打锦标赛，取得第一名 1 项、第二名 3 项、第三名 1 项的优异成绩。

2019 年 7 月 27 日，北京大兴贵仁武术院代表大兴区参加由北京市体育局、北京市教育委员会主办的北京市青少年 U 系列武术散打冠军赛，取得第二名 2 项、第三名 1 项的好成绩。

2019 年 8 月 5 日，海峡两岸武术交流参访活动在捍能国际举行，以台湾洪门武术联盟秘书长刘大力一行为首的 37 人参访团来到捍能国际，展开参观交流，捍能国际学员及到访的台湾学员分别展示了散打、武术、太极拳等中华传统武术项目。活动结束后双方学员进行了多方面的交流并互赠礼物。

2019 年 9 月 7 日，2019"一带一路"太极行友好武协活动——北京站座谈会在大兴区瀛海镇举办。河南省焦作市人大常委副主任韩明华，河南省焦作市温县人大副主任史连更，以及北京市武术运动协会主席杜德平，北京市武术运动协会副主席、北京市武术运动协会产业开发委员会主任、北京市大兴区武术协会主席侯川，大兴区政协原副主席陈晓英，大兴区瀛海镇宣传部部长刘春霞等出席。

2020 年 9 月 26 日，北京大兴贵仁武术院代表大兴参加 2020 年北京市青少年 U 系列武术散打冠军赛，取得第一名 3 项、第二名 3 项、第三名 2 项的优异成绩。

2020 年 11 月 7 日，由北京市体育局主办，北京市体育竞赛管理中心、北京市大兴区体育局、北京市跆拳道运动协会联合承办的 2020 年北京市青少年跆拳道锦标赛在大兴区举行。大兴代表队取得第一名 2 项、第二名 1 项的成绩。

2020 年 12 月 5 日，北京第四届青少年武术超级联赛在北京市石景山体育馆举行，来自北京各馆、校的 100 多支参赛队伍 2000 多名运动员同台展开角逐。北京大兴贵仁武术院代表大兴取得第一名 5 项、第二名 3 项的成绩。

2021 年 6 月 6 日，北京市传统武术锦标赛在北京地坛体育馆举行，大兴区运动员取得第一名 3 项、第三名 1 项的成绩。

2021 年 7 月 31 日，由北京市体育局主办，北京市体育竞赛管理中心、北京市武术运动协会承办的 2021 年北京市青少年武术套路锦标赛在北京市地坛体育馆举行。共有来自东城、西城、海淀、丰台、石景山、门头沟、房山、通州、顺义、昌平、大兴、平谷、密云、延庆、开发区等 15 个单位的 422 名青少年选手同场竞技。大兴区运动员取得第一名 3 项、第二名 3 项、第三名 2 项的优异成绩。

2021 年 10 月 16 日至 10 月 17 日，由北京市体育局主办，北京市体育竞赛管理和国际交流中心、大兴区体育局、北京市武术运动协会承办的北京市青少年武术散打锦标赛，在北京市大兴区红松果 TSC 运动中心举行，共有 32 个单项。大兴区运动员取得第一名 2 项、第二名 3 项的成绩。

2022 年 12 月 5 日，2022 年北京市传统武术锦标赛，疫情原因由实体赛改为网络赛。参赛项目有劈挂拳、形意拳、长短器械等。本次比赛大兴区武术协会共 10 名运动员参赛，并取得了第一名 5 项、第二名 5 项、第三名 3 项的优异成绩。

2022 年 8 月 25 日，由北京市人民政府主办，北京市体育局、北京市体育总会、北京市教育委员会承办的"中国体育彩票杯"北京市第十六届运动会武术套路比赛（青少年竞技组）在朝阳体育馆举行。北京大兴贵仁武术院运动员代表大兴参赛，并取得第三名的成绩。

二、区级比赛及活动

大兴县武术运动协会 1998 年换届，换届后每年举办一次武术比赛 (县级武术比赛)，例如 : 单年号体育节和双年号机关运动会都设武术项目比赛，其中 1999 年大兴县太极拳交流观摩大会共有 20 支太极拳表演队进行展示 , 共有 600 人参加。

2013 年 11 月 13 日，大兴区在体育局综合馆举办 2013 年大兴区武术比赛，来自全区各委、办、局和镇及街道的 21 支队伍 116 名武术爱好者参加了 4 个组别的角逐。其中亦庄镇选手毛京伟、张扬、王坤包揽了男子甲组、男子乙组和女子乙组的冠军，女子甲组的冠军由来自区供电公司的徐燕春获得。

2014 年 9 月 16 日，由大兴区总工会、区体育局主办，区职工文化体育协会、区体育总会承办的第一届职工太极拳比赛在区体委隆重开幕，来自各镇、街道、局机关工会的 30 个单位的 78 支队伍约 700 名职工参加比赛。

大兴区首届武术文化节暨首届武术大赛

　　2015 年 10 月 30 日，北京市大兴区武术协会和青云店镇政府联合主办的大兴区首届武术文化节暨首届武术大赛在青云店镇东辛屯民俗旅游村举办。比赛共吸引了来自全区的 400 余名选手，按年龄分为儿童、少年、成年三个年龄组，男女分组进行比赛。比赛涵盖了太极拳、通臂拳、少林拳、形意拳、八极拳、象形拳等 20 余种拳法以及剑术、刀术、棍术、枪术、鞭术等 20 余种器械和摔跤项目、集体项目、对练项目等。

　　为了保证比赛的公平公正，大赛还特意邀请了 30 多名国家级和市级裁判员对各项比赛进行裁决。本次活动的成功举办，不仅弘扬了武术文化，更传播了大兴区的武术精神，同时给域内的旅游发展搭建了平台，受到了广大游客和武术爱好者的热烈欢迎。

中华传统武术专题日 "武林大兴 武动幸福" 活动

2016年6月5日，北京市大兴区武术协会在世界月季洲际大会的会展中心 D 区广场成功举办了中华传统武术专题日 "武林大兴 武动幸福" 活动，组织了协会下属各分会及武术爱好者在一起展示武术风采，为大家呈现了一场虎虎生威、刚柔并济、热血澎湃的精彩演出。

2016年10月20日，北京大兴 2016 年 "月季杯" 吴式太极拳邀请赛暨大兴区职工太极拳展示活动在魏善庄镇举办，来自全区的 10 余支代表队近 500 名中老年运动员参加了比赛。活动不仅为太极拳爱好者提供了交流平台，还邀请了大兴区吴式太极拳非物质文化遗产传人张全亮以及鸣生亮武学研究会的太极辅导队进行了八卦掌、太极剑展示，受到了太极拳爱好者们的热烈响应。

2017年6月3日，由北京武术院、北京市武术运动管理中心、北京市大兴区体育局主办的 2017 年北京市 "体彩杯" 青少年武术散打比赛在捍能国际青少年体育运动城举办。

大兴区第二届武术文化节暨第二届武术大赛

　　2017 年 11 月 26 日，由北京市大兴区武术协会主办的大兴区第二届武术文化节暨第二届武术大赛在大兴区体委篮球馆举行，武术展演包括吴式八极拳、咏春拳械、太极刀和集体拳术等 10 个节目；武术比赛分为陈式太极拳、杨式太极拳、传统拳术、自选拳术、其他太极拳、自选器械、传统器械、太极器械及太极剑、摔跤等多个项目，参赛选手根据年龄和性别分为男子、女子成年组和中老年组。

　　2017 年 11 月 27 日，由北京市大兴区武术协会主办的"兴武论道"专家座谈会在大兴区举办。参加座谈会的专家有：孙式太极拳创始人孙露堂之嫡孙女孙婉容，中国人民公安大学教授三级警监、北京市梅花桩拳拳法研究会会长韩建中，北京武术协会副会长、北京高校武术协会主席邢登江，北京体育大学教授、博士生导师及沧州劈挂通臂拳传承研究会会长王华锋，著名书画家、诗人、学者、太极拳家、吴式太极拳研究会常务副会长、武当拳法研究会顾问梅墨生，中国武术八段、国家级非物质文化遗产杨式太极拳传承人、杨式太极拳第五代传人崔仲三，北京体育大学民族传统体育博士、副教授、硕士生导师及北京体育大学散打教研室主任李印东，黑龙江省武术协会执行主席、哈尔滨武术协会会长王国铮，江苏省武术协会副主席、连云港市武术协会主席王凤文，哈尔滨市武术协会副会长兼秘书殷国庆，以及大兴区武术协会主席侯川等。

2019 年 7 月 7 日，由大兴区教育委员会、大兴区体育局、魏善庄镇人民政府主办的 2019 年大兴区中小学生武术锦标赛在大兴区捍能国际运动馆举行。本次锦标赛吸引了近 30 所学校 600 名运动员，领队、教练及工作人员共 700 余人参加。

2019 年 11 月 22 日，由大兴区体育局主办的 2019 年大兴区健身技能交流展示大赛暨大兴区太极拳展示大赛，在区体育局红方运动工场内举办。本次太极拳参赛项目包括吴式太极拳 10 式、吴式太极拳 18 式、吴式太极刀、32 式太极剑、吴式太极 64 剑、集体拳、集体一路长拳和太极拳八法五步，共吸引了来自全区镇、街道的 47 支代表队近 500 人参加比赛。

2020 北京·大兴第三届武术文化节暨北臧村镇活力运动会

　　2020 年 10 月 11 日，北京市大兴区第三届武术文化节暨北臧村镇活力运动会于北臧村镇永定河绿色港湾拉开帷幕。此次活动以"天下首邑武术大兴"为主题，主要分"兴武论道"论坛、武术比赛、活力运动会三大部分。此次武术文化节延续了前两届武术文化节"弘扬武术精神、传承中华文化"的理念，比赛现场掌声不断，比赛项目分门别类、花样迭出，来自全区的百余名武术爱好者用精湛的武术"绝活"征服了现场的评委和观众。

2020 年 10 月 25 日，由大兴区体育局、大兴区总工会主办的 2020 年大兴区传统武术四进（太极拳）展示大赛暨大兴区职工太极拳竞赛活动，在体育局红方运动工场内成功举办。本次太极拳参赛项目包括吴式太极拳 10 式、陈式太极拳、杨式太极拳及 24 式、42 式、32 式太极拳，吸引了来自全区各单位、镇、街道的 50 支代表队近 450 人参加比赛。

2021 年 7 月 9 日，由大兴区教育委员会、魏善庄镇人民政府主办的 2021 年大兴区"月季杯"中小学生武术比赛在首都师范大学附属中学大兴南校区举办，大兴区 38 支参赛队伍 800 余名学生参赛。

2021 年 11 月 11 日至 11 月 19 日，大兴区体育局在做好疫情防控的基础上举办了 2021 年大兴区传统武术四进（太极拳）线上展示大赛。

2022 年 10 月 18 日，2022 年大兴区传统武术四进（太极拳）线上展示活动正式启动。活动上线以来，组委会陆续收到 105 份参赛作品，其中不仅有 42 式太极拳、吴式十三刀、功夫扇，还有 82 式凤凰剑、春秋大刀、流星锤等功法作品，充分展示出大兴太极拳爱好者的精神风貌与他们对太极运动的热爱之情。

第四节 创建全国武术之乡

2011年2月15日，《国务院关于印发全民健身计划(2011—2015年)的通知》中指出，"全民健身活动内容更加丰富。大力开展田径、游泳、乒乓球、羽毛球、足球、篮球、排球、网球等竞技性强、普及面广的体育运动项目，广泛组织健身操(舞)、传统武术、健身气功、太极拳(剑)、骑车、登山、跳绳、踢毽、门球等群众喜闻乐见、简便易行的健身活动。"

2015年5月7日，《国务院办公厅关于印发"十四五"中医药发展规划的通知》中提出"促进和规范中医药养生保健服务发展。推广太极拳、八段锦等中医药养生保健方法和中华传统体育项目。"国务院副总理刘延东对学校武术、社会武术、竞技武术，以及武术的国际化发展和武术申奥等工作，多次做出重要批示和指示。中国武术运动迎来了历史性的发展契机。

北京市大兴区武术运动群众基础雄厚，开展十分广泛，多次在全国、全市及国际各类比赛中获得佳绩，在开展全民健身工作中努力发挥作用。特别是近年来，大兴区委、区政府高度重视武术运动发展，区体育局发挥政府职能部门作用，区武术协会认真组织开展活动，大兴区武术运动得到蓬勃发展。为贯彻落实《全民健身计划（2011—2015年）》，规范大兴区武术工作的建设和管理，培养更多武术后备人才，开创武术事业新局面，促进武术运动繁荣发展，全区开展了创建全国"武术之乡"的工作。

大兴区委、区政府高度重视体育事业发展，认真落实《全民健身计划 2011—2015 年》，坚持将全民健身工作纳入全区发展规划、政府工作报告、政府财政预算。

根据北京市体育局的要求，大兴区全力推动群众体育工作蓬勃发展，分多批次举办武术社会指导员培训、吴式太极拳社会指导员培训、职工太极拳社会指导员培训等，组织群众及武术爱好者参加各项武术比赛，如北京市中小学生武术比赛、北京市散打比赛、大兴区月季大会太极拳比赛等。大兴区不断完善武术组织体系建设，充分发挥区、街两级全民健身领导小组对武术工作的领导作用，明确区体育部门和街道体育部门的工作职责，形成政府机构、社会团体、各界组织共同参与、协调联动的武术项目组织网络体系。

一、全区参与武术健身人口众多

随着武术的普及和发展，以及段位制标准化的发展，大兴区参与武术健身人口众多，普及率已达全区人口的约 20%，未来还会继续吸引更多人员参与到全民健身中来。

大兴区各镇、各街道习武人口概况

为了大力推广普及《中国武术段位制》技术体系，大力发展中国武术协会会员，大兴区各镇、各街道办事处都相继开展了广泛的群众性武术活动，其中 14 个镇、8 个街道习练武术人口约 17 万，占各镇、街道总人口的近 20%。

大兴区各镇、各街道办事处参与武术活动人口统计表

镇、街道	总人口数（约统计）	习武人口数（约统计）
榆垡镇	70000 人	14000 人
礼贤镇	35000 人	7000 人
庞各庄镇	52000 人	10400 人
北臧村镇	14000 人	2800 人
黄村镇	66000 人	13200 人
旧宫镇	11800 人	2360 人
西红门镇	25000 人	5000 人
亦庄镇	28000 人	5600 人
瀛海镇	44000 人	8800 人
长子营镇	33000 人	6600 人
采育镇	36000 人	7200 人
安定镇	30000 人	6000 人
魏善庄镇	33000 人	6600 人
高米店街道	110000 人	22000 人
荣华街道	6400 人	1280 人
博兴街道	25700 人	5140 人
天宫院街道	17800 人	3560 人
观音寺街道	43000 人	8600 人
林校路街道	61000 人	12200 人
兴丰街道	39700 人	7940 人
清源街道	100000 人	20000 人
共计	881400 人	176280 人

大兴区中小学习武人口概况

大兴区共有中小学校 87 所，全部学校都开展了武术活动，约有 64000 名学生参与武术学习。依托大兴区中小学课外活动计划的实施，部分学校把武术作为了本校的特色学生活动，习武普及率达到了 100%。开展武术活动普及率高、武术基本功扎实的学校有大兴区第一小学、大兴区第四小学、大兴区第七小学、大兴区第九小学、旧宫镇第一中心小学、魏善庄镇第二中心小学、大兴区第八中学、魏善庄中学。

魏善庄镇第二中心小学和魏善庄中学开展了武术八极拳项目，大兴区第八中学开展了吴式太极拳项目。安定镇东白塔民族小学 2006 年正式确立了以"武术"为特色项目。2007 年，成立了武术队，并与北京市牛街民族武术社合作，成立牛街民族武术社东白塔青少年训练基地。2008 年，建成 200 平方米的武术训练馆，这也是大兴区小学里唯一的武术馆。采育镇第一中心小学开展了集体武术操和太极扇两个项目，全校共有 830 多名学生参加了武术进校园活动。黄村镇第三中心小学目前在校武术队共有 100 多人，在武术套路上小有成绩，目前练习初级拳、刀。

序号	名称	类别	习练时间	习练地点	单位	领队
1	"安佟"太极拳	太极拳队	周六	佟家务文化大院	街道	郭连杰
2	绿洲太极拳	太极拳队	7：30—8：30	社区广场	街道	崔众仆
3	绿洲太极扇	太极拳队	7：30—8：30	社区广场	街道	崔众仆
4	绿洲太极剑	太极拳队	7：30—8：30	社区广场	街道	崔众仆
5	绿洲太极棍	太极拳队	7：30—8：30	社区广场	街道	崔众仆
6	德林园太极拳	太极拳队	6：30—8：30	露天小广场	街道	张家瑞
7	德茂佳苑广场舞蹈	太极拳队	周四	德茂佳苑居委会	街道	刘景珍 李学功
8	德茂楼社区太极剑	太极拳队	早	德茂社区公园	街道	郝秀恩
9	德茂楼社区太极拳	太极拳队	早	德茂社区公园	街道	郝秀恩
10	德茂楼社区踢毽	太极拳队	早、晚	德茂社区公园	街道	李桂兰
11	德茂社区舞剑	太极拳队	周一到周五	德茂小公园	街道	杨桂英
12	德茂社区乒乓球	太极拳队	周一到周五	德茂社区	街道	高树松
13	红星北里羽毛球	太极拳队	早	小花园	街道	李艳华
14	红星北里广场舞	太极拳队	早	小花园	街道	李艳华
15	红星北里棋牌	太极拳队	下午	居民活动室	街道	李艳华
16	红星北里老年人太极气功	太极拳队	下午	小花园	街道	李艳华
17	清和园社区太极拳剑	太极拳剑队	8：00—9：00	清和园北广场	街道	王淑林

续表

18	清逸园太极拳	太极拳队	上午	碧海公园	街道	顾振吉 肖淑兰
19	车站北里气功太极拳	气功太极拳队	每天	不定	街道	田桂芳
20	车站南里太极拳	太极拳队	早	兴融汽修厂前	街道	罗西林
21	建兴社区太极拳	太极拳队	周三、周五	建兴家园广场	街道	刘桂琴
22	铁路太极拳	太极拳队	早	铁路社区健身场	街道	陈亚辉
23	义和庄东里太极拳	太极拳队	早	物资局院内	街道	崔达云
24	义和庄南里社区太极拳	太极拳队	下午	小区院内	街道	贾克军
25	永华南里七星太极拳	太极拳队	6：00—7：00	永华南里（艺苑桐城）南广场	街道	马玉文
26	滨河北里太极拳	太极拳队	早	康庄公园	街道	车玉琴
27	太极拳活动站	太极拳队	7：00—8：00	儿童乐园	街道	冯秀云

二、大兴区武术课程开展和运动员培养情况

大兴区武术校本课程实验教材

开展武术课程学校名单

序号	学校名称	外聘机构数量	外聘机构教师数量	非机构外聘教师数量	本校参与辅导教师数量	科技类项目数量	体育类项目数量	艺术类项目数量	科技类学生参与人数	体育类学生参与人数	艺术类学生参与人数	学生总人数	未参加活动人数	主管领导	职务
1	北京市大兴区第一小学	2	19	0	44	1	4	6	10	231	150	382	1	于娟	主任
2	北京市大兴区第二小学	9	30	0	0	5	4	6	1400	637	610	2008	0	张江涛	副校长
3	北京市大兴区第三小学	5	62	0	0	14	16	18	272	990	760	990	0	于海涛	副校长
4	北京市大兴区第四小学	1	20	0	33	1	3	10	24	60	336	420	0	韩玉庆	工会主席
5	北京市大兴区第五小学	4	126	0	0	18	8	20	199	732	900	1831	0	张丽	副校长

续表一

序号	学校名称													姓名	职务
6	北京市大兴区第六小学	2	7	3	48	1	4	4	30	180	238	398	0	董淑红	主任
7	北京市大兴区第七小学	4	11	0	50	2	2	8	130	120	380	608	0	韩硕	德育主任
8	北京市大兴区第八小学	4	55	0	0	5	6	7	839	839	839	1166	327	张新媛	副校长
9	北京市大兴区第九小学	4	84	0	40	1	3	4	757	220	200	757	0	汪克良	书记
10	北京市大兴区第十小学	3	30	1	4	4	11	13	110	360	433	903	0	王允志	副校长
11	大兴枣园小学	4	37	0	2	1	8	8	620	380	381	1381（人次）		李显锋	副校长
12	北京市大兴区团河小学	4	37	0	23	2	4	7	411	608	608	608	0	谭承朴	德育主任
13	大兴区滨河小学	1	17	0	1	3	10	11	100	879	879	879	0	高海红	辅导员
14	北京印刷学院附属小学	6	31	0	50	1	7	5	384	613	500	613	0	解涛	副校长
15	北京师范大学大兴附属小学	8	8	0	7	14	31	47	210	930	940	970	32	许会妍	德育主任
16	北京教育科学研究院大兴实验小学	5	14	0	4	1	3	5	136	272	200	272	0	王玉环	副校长
17	北京小学大兴分校	2	67	0	6	2	8	15	75	1054	497	1066	12	郝丽萍	副校长
18	北京小学翡翠城分校	2	57	0	24	2	6	10	120	1578	1578	1578	0	迟辉	副校长
19	北京教育学院附属大兴实验小学	2	20	0	6	3	4	4	190	260	346	347	0	田娟	副校长
20	北京育才学校大兴分校	1	7	0	4	2	1	6	21	13	46	80	0	古燕琴	校长
21	北京第二实验小学大兴实验学校	7	37	9	0	6	7	12	282	363	588	1241	8	洪巍巍	德育副主任
22	榆垡镇第一中心小学	3	79	0	30	1	7	10	18	550	1475	925	1475	殷宁宁	教导主任
23	榆垡镇第二中心小学	2	12	0	0	2	4	3	50	200	100	301	0	张继东	教导主任

24	亦庄中心小学	4	73	0	31	2	40	2	64	67	899	1030	0	陈晶	德育主任
25	亦庄第二中心二二小	2	23	5	0	2	13	13	44	425	328	707	0	朱雪嘉	副校长
26	魏善庄镇第一中心小学	5	38	5	57	5	14	24	123	420	575	1118	0	张克奇	副校长
27	庞各庄镇第二中心小学	5	45	0	0	7	15	20	218	1628	804	814	0	张志辉	副校长
28	魏善庄镇第二中心小学	5	24	0	28	3	7	19	90	740	740	740	0	李新华	德育主任
29	青云店镇第一中小学	5	32	0	2	2	5	25	110	370	684	1164	0	康腾	德育主任
30	庞各庄镇第一中心小学	4	56	0	85	1	5	4	235	1295	1286	1328	0	佟秀明	副校长
31	青云店镇第二中心小学	3	30	3	0	2	9	5	90	658	658	658	0	刘波	副校长
32	礼贤镇第一中小学	3	52	0	56	5	10	10	30	864	834	864	0	赵福刚	副校长
33	礼贤镇第二中心小学	2	21	0	2	3	10	11	65	286	286	286	0	李忠宇	副校长
34	旧宫镇第一中小学	6	41	0	0	2	10	10	30	571	540	105	37	张新	副校长
35	旧宫镇第二中小学	5	57	0	0	4	10	10	210	460	520	964	0	赵洪	辅导员
36	黄村镇第一中心小学	8	82	5	0	6	14	50	360	1018	1829	1829	0	赵书会	副校长
37	黄村镇镇第二中小学	3	21	0	0	2	5	7	75	243	266	584	0	于永林	副校长
38	黄村镇第三中心小学	2	52	0	6	11	4	25	385	945	875	945	0	吴利锋	德育处主任
39	采育镇第一中心小学	2	42	0	6	1	7	15	30	838	580	838	0	孙俊颖	主任
40	采育镇第二中小学	2	5	0	15	2	5	5	20	354	110	354	0	张波	德育主任
41	采育镇第三中小学	4	25	0	1	3	8	19	18	117	202	253	0	高利军	副校长
42	安定镇中心小学	5	61	0	30	2	12	19	160	1232	956	1232	0	王颜	德育主任

续表三

43	瀛海镇第一中心小学	3	17	0	50	2	6	7	100	250	400	734	0	彭建军	辅导员
44	北臧村镇中心小学	4	39	3	9	4	6	6	121	540	220	681	0	郝涛	副校长
45	长子营镇第一中心小学	1	32	0		2	6	12	105	210	655	970	0	孟庆旭	德育主任
46	长子营二小	0	14	0	22	3	4	4	58	165	134	357	0	刘景东	副校长
47	北京亦庄实验小学	3	30	0	12	4	5	10	777	588	1054	1172	0	高学雷	学生院院长
48	北京教育科学研究院旧宫实验小学	1	14	0	28	3	5	7	301	428	398	460	0	殷士仿	主任
	总计	172	1793	35	825	188	399	586	10739	27706	28267	39080	417		

三、积极推广武术"六进"活动

为了更好地服务社会，大兴区体育局以及大兴区武术协会还开展了武术健身讲座、武术培训等，全力推进武术进学校、进社区、进乡镇、进机关、进军营、进企业等活动。

武术进学校

传统武术走进北京市第八中学大兴分校

2016 年 3 月，大兴区武术协会与北京市第八中学大兴分校联合举办传统武术进校园的活动，旨在传承中华传统武术，丰富学生课余生活，增强学生身体素质。同时，北京市第八中学大兴分校和武术协会强强联手，组建了八中太极队。

武术进社区

武术走进念坛开发区

念坛公园占地 2500 亩（1 亩 =666.67 平方米），其中湿地面积为 150 亩，整个水域面积达到 700 亩。2011 年 5 月 28 日正式对公众开放。大兴区武术协会带领协会成员走进念坛开发区，在念坛公园带领群众开展习武活动。

社区群众习武

武术走进兴丰社区

大兴区武术协会与兴丰社区合作对社区内学龄前儿童义务教授一些适宜孩子们学习的简单武术动作和动作组合。孩子4岁以后，身体的协调性和柔韧性等能力发展较快，注意力、记忆力、思维能力、行为控制能力都有明显的提高，这为学习武术提供了良好的条件。但是孩子的学习和运动能力毕竟还不高，所以需要有针对性地进行一些简单的武术动作和动作组合辅导。

宋式形意拳——走进天宫院街道社区

2016年5月5日，北京市大兴区武术协会形意拳研究会携手大兴区天宫院街道办事处共同举办了"宋氏形意拳——非遗文化进社区"活动。通过传授和普及宋式形意拳，大兴区武术协会让社区居民进一步了解了武术，认识了形意拳，感受了传统武术文化的魅力，同时让社区居民强健了身体，提升了精气神，将传统武术融入居民的生活。

武术进乡镇

中国武术瑰宝——太极拳走进大兴区黄村镇

大兴区武术协会走进黄村镇，开展教授太极拳活动，针对社区内中老年离退休人员的身体状况和接受能力，协会挑选优秀老师教授社区成员学习太极拳。

武术进机关

北京鸣生亮武学研究会走进新华社工会

2015年2月3日,北京鸣生亮武学研究会走进新华社工会,举办了以"太极拳健康养生"为主题的讲座,特聘著名武术家、北京鸣生亮武学研究会会长张全亮先生主讲。

"北京市全民健身科学指导大讲堂"走进大兴

2015年5月27日,由北京市体育局主办,北京市社会体育管理中心、大兴区体育局承办的2015年"北京市全民健身科学指导大讲堂"走进大兴,在大兴区总工会312会议室举行。本次活动由北京科学健身专家讲师团秘书长、全国著名运动健身专家赵之心老师主讲。来自大兴区41个单位的135人听了讲座,系统地学习了全民健身知识。

武术进军营

武术中的传统文化精神与部队中爱军习武的战斗精神是一脉相承的,在推进武术进军营的过程中。大兴区驻区部队和民兵开展了各式各样的武术健身活动。在基础科目训练过程中组织军体拳、匕首操、盾棍术、自由搏击等内容的教学训练,在每天的训练中穿插进行武术科目训练。在每年开训动员、"军事日"、地方单位参观见学等活动中安排武术科目演练,并把军体拳、盾棍术作为大兴区民兵训练的一项内容去落实,不断提高部队官兵和民兵的健身热情和作战能力。驻区部队总人数对外保密,但习武人数众多,据统计,驻区部队官兵中进行武术健身人数比例达90%以上,营造了良好的习武健身的氛围。

官兵习武

武术走进大兴区特警大队

大兴区特警大队将传统武术带进日常的训练和工作中，针对特警的特殊工作性质，将传统武术结合军旅刀法和枪法，用95突击步枪和防暴棍演练起来具有很强的震撼力和杀伤力，在实际作战中简洁、实用，受到特警队员的喜爱。

武术进企业

2016年12月10日，北京市大兴区武术协会携手北京元海太极中心在北京懋隆文创举行"太极拳健康工程"太极拳进企业交流会，来自中国仪器进出口集团有限公司、国家开发银行、神华集团有限责任公司、三元产业园投资有限公司等10多家企业的近40位员工参加了此次活动，活动内容包括太极文化介绍，office太极拳体验，太极拳互动交流、指导、答疑等。

四、全民健身活动

为了满足广大人民群众日益增长的体育运动需求，为了纪念北京奥运会成功举办，国务院批准，从 2009 年起，每年 8 月 8 日为"全民健身日"。根据《全民健身条例》第十二条规定，应当在全民健身日当日加强全民健身宣传，积极组织和开展全民健身活动，组织开展免费健身指导服务，向公众免费开放公共体育设施。

百城千村健身气功展示活动

2013 年 9 月 22 日，大兴区体育局举办百城千村健身气功展示活动暨大兴区健身气功比赛，来自各街道、镇的 20 支社区健身气功代表队的 200 多人参加。经过一个上午的展示、比赛，一等奖由清源街道金惠园二里代表队获得，二等奖由观音寺街道团河苑社区代表队、清源街道滨河北里社区代表队获得，三等奖由清源街道滨河西里南区代表队、清源街道滨河东里社区代表队、亦庄镇文化中心代表队获得。比赛还产生了 7 个优胜奖、7 个优秀组织奖。

2016 年全国百城千村健身气功展示

2016 年 10 月 26 日，在昌平区北京国际温泉体育健身中心举办了 2016 年全国百城千村健身气功展示（北京会场）、北京体育公益活动社区行暨第八届北京市体育大会健身气功比赛。比赛由国家体育总局健身气功管理中心、北京市体育局、北京市体育总会主办，北京市社会体育管理中心承办。来自北京市 15 个区、北京经济技术开发区、燕山地区的 31 支代表队共 279 名运动员参加展示和比赛。经过一天的比赛，大兴区金惠园二里翡翠公园健身气功辅导站获得导引养生功十二法团体三等奖。大兴区滨河北里健身气功辅导站获得健身气功大舞团体二等奖。本届比赛发端于全国百城千村展示活动，根植于社区和健身气功站点，是北京市体育大会的重点比赛活动。重点突出快乐健身、文明练功的理念，本次活动取得了预期效果，达成了预期目标，有力地推动了健身气功项目在大兴区的深入普及和发展，为健康中国建设贡献了力量。

大兴区健身气功比赛

2016年11月18日，大兴区健身气功比赛在区体育局篮球馆隆重举办，来自全区各镇、街道的30余支队伍参赛。此次比赛展示了各镇、街道太极爱好者们的良好精神面貌，开阔了队员们的视野，为各镇、街道进一步开展健身气功活动、推进文化体育事业发展起到了促进作用。

五、武术训练场馆

北京市大兴区现有百十余处体育活动场所，其中位于高米店北站的大兴区首座综合体育中心于 2014 年 12 月开工建设，设有两馆，其中乙级体育馆设有 3522 个座席，项目总面积 31500 平方米。

2015 年投放使用的大兴西红门体育公园，在西红门镇中心附近，占地约 23728 平方米，是将体育馆、公园、商业完美融合的绿色三星建筑。这里既能举办高水平体育赛事和大型活动，也能满足市民日常健身娱乐和文化活动的需要，与北部鸟巢相呼应。并且，2016 年 9 月 24 日，世界最大的专业搏击中心——15000 平方米的昆仑决世界搏击中心在北京西红门体育公园正式揭幕。至此西红门成为北京体育新地标，也是全球搏击爱好者的朝圣之地。

捍能国际运动城坐落于北京市大兴区金星路 18 号，正式成立于 2015 年，面积有 7000 多平方米，是一个综合性体育文化运动城，包括：1800 平方米综合馆（武术、跆拳道、散打、MMA 等），1700 平方米室内 7 人制足球场地，800 平方米羽毛球馆，700 平方米篮球馆，700 平方米国学堂。捍能国际实体空间打造防雾霾、过滤 PM2.5 的新风系统，给人以绿色健康运动空间。

2017 年 2 月 28 日，区体育局送达临时借用办公用房函至观音寺街道办事处，借用办公用房 300 平方米左右作为大兴区武术活动中心，为武术爱好者们提供活动场地，兼顾展示推广大兴区武术文化发展，并承担大兴区武术协会办公用途。

六、武术传承队伍建设

大兴区十分注重武术骨干的培养，在每年工作计划中都要提出具体的培养目标和要达到的水平，本着"培养、引进、稳定"的原则，加强师资队伍建设。拥有优质的教师教练队伍是实现特色教育办学目标的根本。因此坚持"以德为本"的人才培养理念，就要求教师教练既要有广博的知识，又要有高尚端正的品行。大兴区以区武术协会为主体培养了一支德"才"双馨的教师教练队伍，为大兴区武术教育的长足发展提供了原动力，并且大力发展中国武术协会会员，广泛开展群众性武术活动，不断地大力发展尚武人群，为省、区、市运动队及高等院校输送优秀的武术运动员。

大兴区社会体育指导员情况

为推动群众体育工作蓬勃发展，营造浓厚的群众健身气氛，根据北京市体育局要求，大兴区举办多期太极拳项目国家二级、三级社会体育指导员培训班，为经培训考核合格的学员颁发太极拳国家二级、三级社会体育指导员等级证书。目前据统计，大兴区社会体育指导员总共有562人，其中获国家二级社会体育指导员证书的有191人，获国家三级社会体育指导员证书的有371人。

大兴区中国武术协会会员发展情况

继续着力武术在乡、镇、村、社区范围的宣传和普及，发展更多中国武术协会和大兴区武术协会会员，仍是大兴区武术协会未来重点工作之一，至今大兴区武术协会已为中国武术协会输送会员2000多人，并且数量在继续不断地增加。

大兴区中国武术段位制工作开展情况

国家体育总局武术运动管理中心 2014 年初召开全国武术段位制推广工作会议，此次大会标志着武术段位制推广"十年计划"正式拉开大幕。北京市大兴区武术协会积极响应国家体育总局武术管理中心的会议精神，建设段位制"标准化"，使其有利于武术推广，到 2016 年底能统计到的北京市大兴区武术协会拥有武术段位人员共计 736 人，其中高段位人员 7 人，六段人员 96 人，五段人员 45 人，低段位人员 588 人。2016 年北京市大兴区武术协会把学校推广定为段位制推广工作的重点，已申报的段位制人员共计 609 人，其中六段人员有 5 人，低段位人员有 604 人。截至 2016 年底共有武术段位人员 1345 人。

后　记

　　《大兴武术》付梓出版，本书简要地梳理了大兴区武术的发展历程，努力做到于世有补，于实有用，为发展大兴武术事业提供历史的借鉴和现实的依据。

　　新大兴、新国门，新时代风生水起，大兴区武术文化的兴盛发展将助力推进全国文化中心建设。通过开展武术文化专题研究、资源对接、活动策划等工作，聚焦大兴区文化建设，高站位、宽视野、多形式开展武术事业发展与研究、传承与利用；聚焦中国优秀传统武术文化传承利用、数字文化新业态，聚合更多优势力量与资源，不断深化武术文化＋科技＋旅游＋康养＋消费等跨界融合，打造集多功能于一体的国际武术文化交流区域。

　　在此，向关心和支持编辑工作的单位和同志，向提供文字和图片的人员，向为本书题词撰文的各位领导表示衷心的感谢！北京工艺美术出版社对本书的编辑和顺利出版给予了大力支持，特别致以敬意和感谢。感谢所有关心热爱大兴武术事业的朋友们!

由于时间仓促和编者水平有限,加之资料的匮乏缺失,本书难免存在疏漏和错失之处,恳请广大读者批评指正。

本书编委会

2023 年 3 月 5 日于北京